講談社 火の鳥 伝記文庫

日記《にっき》は語《かた》る
アンネ・フランク

岡田好恵《おかだよしえ》 文
佐竹美保《さたけみほ》 絵

JN167818

はじめに

あなたはアンネ・フランクという名前《なまえ》を知《し》っていますか？
では『アンネの日記《にっき》』という本《ほん》の名前《なまえ》は？
どこかで聞《き》いたことがあるかもしれませんね。
『アンネの日記《にっき》』は、
ドイツにくらしていたユダヤ人《じん》の少女《しょうじょ》アンネ・フランクが、
第二次世界大戦中《だいにじせかいたいせんちゅう》、ナチス・ドイツのユダヤ人狩《じんが》りをのがれ、
隠《かく》れ家《が》で約《やく》2年《ねん》にわたって書《か》きつづけた日記《にっき》です。
日記《にっき》はなぜ、2年《ねん》で終《お》わっているのか？
それはアンネがドイツの強制収容所《きょうせいしゅうようじょ》で、わずか15年《ねん》の生涯《しょうがい》をとじたからです。
オランダ語《ご》で書《か》かれた日記《にっき》は、アンネの死後《しご》、
一家《いっか》でひとりだけ生《い》きのこった父《ちち》オットー・フランクによって出版《しゅっぱん》され、

国内《こくない》のベストセラーとなりました。
やがて日本《にっぽん》をふくむ60か国以上《こくいじょう》で翻訳《ほんやく》され、
映画化《えいがか》され、劇《げき》やテレビドラマにもなりました。
ひとりの中学生《ちゅうがくせい》の日記《にっき》が、いったい、なぜいまも、
これほど人《ひと》びとの心《こころ》を打《う》ちつづけるのか？
ナチス・ドイツとはなにか？　ユダヤ人《じん》はなぜ迫害《はくがい》されたのか？
戦争《せんそう》とはなにか？　そして、なにより、アンネはどんな女《おんな》の子《こ》だったのか？
この本《ほん》では、時折日記《ときおりにっき》の一部《いちぶ》を紹介《しょうかい》しながら、
こうしたことを、みなさんといっしょに考《かんが》えていきたいと思《おも》います。
ではさっそく、アンネの誕生《たんじょう》からお話《はな》ししましょう。
どうぞページをめくってください。

もくじ

7 アンネがのこしたもの

1 アンネ・フランク、ドイツに生《う》まれる

アンネの家族《かぞく》

『アンネの日記《にっき》』を書《か》いたアンネ・フランクは1929年《ねん》6月《がつ》12日《にち》、ドイツ中部《ちゅうぶ》のフランクフルトという大都市《だいとし》で生《う》まれました。家族《かぞく》は父《ちち》のオットー、母《はは》のエーディト、3歳年上《さいとしうえ》の姉《あね》マルゴーの4人《にん》です。父《ちち》のオットー・フランクは銀行《ぎんこう》を経営《けいえい》していて、家《いえ》はとても裕福《ゆうふく》でした。

アンネは、生《う》まれたときから、姉《あね》とは正反対《せいはんたい》の性格《せいかく》でした。難産《なんざん》で生《う》まれた病院《びょういん》から、やっと家《いえ》に帰《かえ》ってくると、何週間《なんしゅうかん》もなにかをうったえて泣《な》きつづけ、みんなをうんざりさせました。元気《げんき》で主張《しゅちょう》の強《つよ》い赤《あか》んぼうはやがて、に

ぎやかな子《こ》どもに育《そだ》ちます。

「やれやれ！　マルゴーさんがきれいな夜《よる》ならアンネちゃんは、まるで太陽《たいよう》がぎらぎらかがやく真昼《まひる》のようですね。」

お手《て》つだいさんはため息《いき》をつき、母《はは》はことあるごとにアンネに、

「マルゴーお姉《ねえ》さんをごらんなさい。ああいう、しとやかな、いい子《こ》になるのよ。」

と言《い》いました。ところが、2歳《さい》そこそこのアンネは、そのたびに、小《ちい》さなにぎりこぶしをかため、丸《まる》い目《め》をつりあげて、

「いや！　いや！　わたちは、いい子《こ》にならない！」

と、言《い》いかえすのです。母《はは》は強情《ごうじょう》なアンネに最初《さいしょ》から手《て》を焼《や》き、「小《ちい》さなプリンセス」マルゴーをますますかわいがるようになりました。それでも姉妹《しまい》は不思議《ふしぎ》となかよしでした。

マルゴーはおさないときからかわることなく、やさしく聡明《そうめい》な姉《あね》でした。マルゴーにとってアンネはつねに、守《まも》るべきかわいい妹《いもうと》だったのです。

アンネはパパっ子《こ》でした。父《ちち》は母《はは》がマルゴーをかわいがるように、アンネをかわいがりました。女性《じょせい》は無口《むくち》でよく気《き》がつくことがいちばんと教《おし》えられて育《そだ》った母《はは》にとって、マルゴーは理想《りそう》の娘《むすめ》。陽気《ようき》で自由《じゆう》が大《だい》すきな父《ちち》にとって、自分《じぶん》とそっくりなアンネは、ことさらかわいかったのでしょう。

毎晩《まいばん》、姉妹《しまい》がねるまえにはかならず、母《はは》がマルゴーの髪《かみ》をとき、父《ちち》がアンネのベッドのそばで、お気《き》に入《い》りの絵本《えほん》を読《よ》んで聞《き》かせました。休日《きゅうじつ》になれば父《ちち》の兄《あに》たちの家《か》族《ぞく》や、父方《ちちかた》の祖母《そぼ》アリス、そしてときどきアーヘンからたずねてくる母方《ははかた》の祖母《そぼ》ローザを交《まじ》え、一族《いちぞく》で楽《たの》しくすごします。ドライブ、音楽会《おんがくかい》、ピクニック。父《ちち》は当時《とうじ》めずらしかったカメラで、家族《かぞく》の写真《しゃしん》をたくさん撮《と》りました。

マルゴーもアンネもいとこたちも、おさない子《こ》どもはみんな、大《おお》はしゃぎです。

こんな幸《しあわ》せなフランク一家《いっか》でしたが、じつはアンネが生《う》まれた直後《ちょくご》から、父《ちち》の銀行《ぎんこう》はきびしい状況《じょうきょう》に立《た》たされていました。

ドイツは第一次世界大戦《だいいちじせかいたいせん》の敗戦国《はいせんこく》として、1919年《ねん》に植民地《しょくみんち》〔1〕のほとんどを

とりあげられたうえ、巨額《きょがく》の賠償金《ばいしょうきん》［2］が課《か》されました。賠償金《ばいしょうきん》は税金《ぜいきん》ではらうしかありません。その結果《けっか》、ドイツ国民《こくみん》は、重税《じゅうぜい》にあえぐようになります。

しかも、アンネが生《う》まれてまもない1929年《ねん》10月《がつ》24日《か》には、アメリカで株価《かぶか》が暴落《ぼうらく》し、世界大恐慌《せかいだいきょうこう》が起《お》きたのです。それまでも経済的《けいざいてき》に苦《くる》しかったドイツでは、1920年代末《ねんだいまつ》から1930年代《ねんだい》にかけて会社《かいしゃ》がつぎつぎと倒産《とうさん》し、町《まち》には失業者《しつぎょうしゃ》があふれました。多《おお》くの銀行《ぎんこう》が、貸《か》したお金《かね》をとりたてられなくなります。フランク銀行《ぎんこう》も例外《れいがい》ではありませんでした。

［1］経済的《けいざいてき》にも軍事的《ぐんじてき》にも強《つよ》い国《くに》が、自国《じこく》の領土《りょうど》や属国《ぞっこく》にした他国《たこく》の地域《ちいき》。19世紀末《せいきまつ》、ヨーロッパの強《つよ》い国々《くにぐに》はアフリカやアジアの植民地化《しょくみんちか》をきそうように進《すす》めていた。

［2］戦争《せんそう》に負《ま》けた国《くに》が、勝《か》った国《くに》にあたえた損害《そんがい》をつぐなうために支払《しはら》うお金《かね》。ドイツは当時《とうじ》、1320億金《おくきん》マルクを請求《せいきゅう》された。これは、現在《げんざい》の金《きん》の価格《かかく》1グラム約《やく》4800円《えん》で換算《かんさん》すると、226兆円《ちょうえん》あまりになる。その後《ご》、1932年《ねん》に賠償金《ばいしょうきん》は30億《おく》ライヒスマルク（現在《げんざい》でおよそ5兆円《ちょうえん》）に減額《げんがく》される。

いったい、この状況《じょうきょう》がいつまでつづくのか――オットーは不安《ふあん》でした。エーディトの実家《じっか》が援助《えんじょ》をしてくれたものの、フランク家《け》の貯蓄《ちょちく》はどんどんへっていくのです。それでもわかい両親《りょうしん》は、

「おさない子《こ》どもたちに、不自由《ふじゆう》な思《おも》いをさせるなんて、とんでもないこと。」

「苦労《くろう》するのは、大人《おとな》になってからでじゅうぶんだ。」

と話《はな》しあいました。むりをしてでも、アンネとマルゴーにそれまでとかわらず、すきなだけおもちゃを買《か》いあたえ、休日《きゅうじつ》にはピクニックにつれていきました。

生活《せいかつ》のレベルをさげないように努力《どりょく》した両親《りょうしん》でしたが、フランク銀行《ぎんこう》の経営《けいえい》はいよいよむずかしくなり、家計《かけい》はきびしくなる一方《いっぽう》。アンネが4歳《さい》になるまえの1933年《ねん》3月《がつ》には、生活費《せいかつひ》の節約《せつやく》のため、オットーの実家《じっか》に引《ひ》っ越《こ》すことにしたのです。

そしてもうひとつ、フランク一家《いっか》を追《お》いつめる理由《りゆう》がありました。フランク一家《いっか》は、ユダヤ教《きょう》を信《しん》じるユダヤ人《じん》でした。

1933年《ねん》の6月《がつ》の人口調査《じんこうちょうさ》によると、ドイツの総人口《そうじんこう》は約《やく》6700万人《まんにん》で、ユダ

ヤ人《じん》は、そのうちの約《やく》50万人《まんにん》。ドイツの総人口《そうじんこう》の1パーセント未満《みまん》にすぎません。貧富《ひんぷ》の差《さ》はまちまちでしたが、フランクフルトなど都市部《としぶ》には、フランク一家《いっか》のような富有《ふゆう》なユダヤ人《じん》たちが集《あつ》まっていたのです。かれらの一見優雅《いっけんゆうが》な生活《せいかつ》は、苦《くる》しい生活《せいかつ》にあえぎ、いらだつ大多数《だいたすう》のドイツ人《じん》のなかで、特別《とくべつ》に目立《めだ》ちました。

すると一部《いちぶ》のドイツ人《じん》たちが、

「おれたちが明日《あした》のパンにもこまっているときに——。」

「平気《へいき》で、いい生活《せいかつ》をしているやつらがいる。」

「ずるいじゃないか。」

と言《い》いだしました。やがて、

「ユダヤ人《じん》は強欲《ごうよく》で、自分勝手《じぶんかって》で、国《くに》の裏切《うらぎ》り者《もの》だ。」

という声《こえ》が、あちこちであがってきました。それもだんだん、声高《こわだか》になるのです。

「そういえば、このごろ、ご近所《きんじょ》で、道《みち》で会《あ》っても、わざと知《し》らん顔《かお》をする人《ひと》がいますわ。そのうち、わたしたち一家《いっか》も、みんなからつまはじきにされるのかしら——ユダヤ人《じん》というだけで。」

エーディトは、身《み》ぶるいしました。

オットーは、ため息《いき》をつくと、つづけました。

「君《きみ》の一族《いちぞく》もうちの一族《いちぞく》も、古《ふる》くからドイツに住《す》みついているユダヤ人《じん》だ。わたしは自分《じぶん》を、ユダヤ人《じん》であると同時《どうじ》にドイツ国民《こくみん》のひとりだと信《しん》じてきた。だからこそ、第一次世界大戦《だいいちじせかいたいせん》にもドイツ兵《へい》として、進《すす》んで従軍《じゅうぐん》したんだよ。それがいったい、どういうことだ。敗戦後《はいせんご》のひどい経済《けいざい》に苦《くる》しんでいるのは、おたがいさまなのに。」

「それにしても、こんなひどいあつかいを受《う》けるなんて！　まるでドイツがいままでとはちがう国《くに》になってしまったような……。」

エーディトが、オットーを見《み》つめます。

「そのとおりさ。〝あの男《おとこ》〟が、われわれユダヤ人《じん》をつぶすために、後《うし》ろから糸《いと》を引《ひ》いているんだ。」

オットーは言《い》いました。

ユダヤ人《じん》をつぶそうとする〝あの男《おとこ》〟とは？

ヒトラーとナチスの台頭《たいとう》

フランク一家《いっか》の生活《せいかつ》が大《おお》きくかわろうとしていたひとつの理由《りゆう》は、ドイツにまきおこっていた嵐《あらし》――ナチスによる一党独裁《いっとうどくさい》〔3〕です。ナチスは1920年代《ねんだい》からドイツで急激《きゅうげき》に支持《しじ》を集《あつ》めるようになった政党《せいとう》で、その党首《とうしゅ》が〝あの男《おとこ》〟アドルフ・ヒトラーでした。

ヒトラーはオーストリア国籍《こくせき》でしたが、第一次世界大戦《だいいちじせかいたいせん》のとき、ドイツ陸軍《りくぐん》に志願《しがん》して軍人《ぐんじん》になりました。そして、1919年《ねん》の敗戦後《はいせんご》も軍隊《ぐんたい》にのこります。

〔3〕国《くに》を動《うご》かす政治《せいじ》の権力《けんりょく》が、ただひとつの政党《せいとう》に独占《どくせん》されている事態《じたい》のこと。ほかの政党《せいとう》は、活動《かつどう》が禁止《きんし》されたり弾圧《だんあつ》されたりしている状態《じょうたい》にある。

そのころドイツ軍《ぐん》は、戦後《せんご》つぎつぎに誕生《たんじょう》する政党《せいとう》がなにを考《かんが》えているかを知《し》りたがっていました。ヒトラーは、軍《ぐん》の命令《めいれい》で、そのなかのひとつ、ドイツ労働者党《ろうどうしゃとう》に軍《ぐん》人《じん》であることをかくして入党《にゅうとう》し、たちまち中心人物《ちゅうしんじんぶつ》になります。ヒトラーは演説《えんぜつ》の天《てん》才《さい》でした。ヒトラーは党員《とういん》たちに、

「なぜドイツは負《ま》けたのか？」

と問《と》いかけ、

「それは、ユダヤ人《じん》のせいだ。」

と断言《だんげん》します。そして、首《くび》をかしげる党員《とういん》たちに向《む》かって、こう言《い》いました。

「戦前《せんぜん》、わがドイツでは工業化《こうぎょうか》がさかんに行《おこな》われ、大都市《だいとし》の人口《じんこう》がふえた。それにつれて農村《のうそん》の人口《じんこう》がへり、貧富《ひんぷ》の差《さ》は歴然《れきぜん》となった。そして戦争《せんそう》に負《ま》けた。それは、すべてユダヤ人《じん》が仕組《しく》んだことなのだ、わかるか？」

だまっている党員《とういん》たちをにらみつけると、つづけました。

「ユダヤ人《じん》は古来国土《こらいこくど》をもたず、各国《かっこく》に入《はい》りこんでくらしている。やつらの大半《たいはん》は金《かね》

持《も》ちで団結《だんけつ》が強《つよ》く、入《はい》りこんだ国《くに》をいつかのっとろうと、つねにねらっている。

ドイツのユダヤ人《じん》は、銀行家《ぎんこうか》としてドイツ人《じん》から金《かね》をすいあげ、工場主《こうじょうぬし》としてドイツ人《じん》をこきつかい、さらに金持《かねも》ちになった。その金《かね》を裏《うら》から敵国《てきこく》へ投資《とうし》し、ドイツをたたかせた。そしていま、敗戦《はいせん》に追《お》いこまれたドイツを、わがものにしようとねらっている。ドイツ経済《けいざい》に欠《か》かせない存在《そんざい》であるのをいいことに、やつらはドイツ人《じん》を支《し》配《はい》しようとしているのだ。このまま手《て》をこまねいていれば、われらのドイツはユダヤ人《じん》という侵略者《しんりゃくしゃ》にのっとられ、ほろんでしまうぞ。いやドイツだけではない。ほどなく世界全体《せかいぜんたい》がユダヤ人《じん》のものになるだろう。諸君《しょくん》は、それでもいいのか?」

「もちろん、よくないが――。」

「ならば、どうすればいいと?」

だれかがおずおずと聞《き》くと、ヒトラーはこともなげに答《こた》えました。

「決《き》まっているだろう。侵略者《しんりゃくしゃ》から国《くに》を守《まも》りたければ、やつらを排除《はいじょ》するんだ、完全《かんぜん》にな。そして、わたしはその方法《ほうほう》を知《し》っている。」

ヒトラーの雄弁《ゆうべん》で自信《じしん》にみちた態度《たいど》に、ドイツ労働者党《ろうどうしゃとう》の幹部《かんぶ》たちは感銘《かんめい》しました。

ヒトラーはやがて、ビヤホールや劇場《げきじょう》などで多《おお》くの市民《しみん》に向《む》け、同《おな》じ内容《ないよう》の演説《えんぜつ》をするようになり、ドイツ労働者党《ろうどうしゃとう》を熱狂的《ねっきょうてき》に支持《しじ》する人《ひと》びとがふえていったのです。

するとかれは軍《ぐん》を除隊《じょたい》し、党員《とういん》としての活動《かつどう》にのめりこんでいきます。

アンネが生《う》まれる約《やく》10年《ねん》まえのことでした。

ドイツ労働者党《ろうどうしゃとう》はまもなく、ヒトラーの提案《ていあん》で「国際社会主義《こくさいしゃかいしゅぎ》ドイツ労働者党《ろうどうしゃとう》（ナチス）」と改称《かいしょう》し、鉤十字《かぎじゅうじ》のマークを党章《とうしょう》としました。

そして1921年《ねん》、ヒトラーは党首《とうしゅ》になったのです。

けれどもヒトラーは、たんなる一政党《いちせいとう》の党首《とうしゅ》では満足《まんぞく》しませんでした。

（おれは、いつかかならず、国家権力《こっかけんりょく》をにぎる。）

と決意《けつい》します。

やがて、世界大恐慌《せかいだいきょうこう》が起《お》こり、苦《くる》しい生活《せいかつ》にあえぐドイツ人《じん》の、政府《せいふ》への不満《ふまん》がふたたび高《たか》まってきたのです。

ヒトラーは、ここぞとばかりに野太《のぶと》い声《こえ》で、

「ユダヤ人《じん》は強欲《ごうよく》だ！　戦争《せんそう》に負《ま》けたのはユダヤ人《じん》のせいだ。この戦争《せんそう》で得《とく》をしたのは、ユダヤ人《じん》だけである！」

と演説《えんぜつ》し、富裕《ふゆう》なユダヤ人《じん》に対《たい》する、まずしい人《ひと》びとのねたみと憎《にく》しみをあおりたてたのです。けれども不況《ふきょう》にあえいでいたのは、ドイツ人《じん》ばかりではありません。アンネたち一家《いっか》のように、ユダヤ人《じん》たちも苦《くる》しい思《おも》いをしていたのです。

ヒトラーはこうも主張《しゅちょう》しました。

「われらドイツ人《じん》は世界一優秀《せかいいちゆうしゅう》な人種《じんしゅ》、世界《せかい》を支配《しはい》すべき人種《じんしゅ》である。いっぽう、ユダヤ人《じん》は、もっとも劣等《れっとう》な人種《じんしゅ》である。優秀《ゆうしゅう》な人種《じんしゅ》の血《ち》に劣等人種《れっとうじんしゅ》の血《ち》がまじるとその人種《じんしゅ》は劣化《れっか》し、最後《さいご》には滅亡《めつぼう》するのである。われらドイツ人《じん》の純血《じゅんけつ》を守《まも》り、世界《せかい》をドイツ人《じん》の国《くに》にしよう！　そのためには、劣悪《れつあく》なるユダヤ人《じん》との混血《こんけつ》を徹底的《てっていてき》になくすのだ！」

〝ドイツ人《じん》〟〝ユダヤ人《じん》〟という人種《じんしゅ》は、実際《じっさい》にはありません。しかし、大多数《だいたすう》のドイツ人《じん》が、ヒトラーの自信《じしん》たっぷりな偏見《へんけん》をそのまま信《しん》じました。ヒトラーは、周辺《しゅうへん》の国々《くにぐに》をドイツのものとし、さらに領土《りょうど》を拡大《かくだい》してドイツを世界一《せかいいち》の国《くに》にしようと考《かんが》えたのです。「ドイツ人《じん》は支配者《しはいしゃ》になるべき優秀《ゆうしゅう》な人種《じんしゅ》」という言葉《ことば》に、戦争《せんそう》に負《ま》け打《う》ちひしがれていた人《ひと》びとは酔《よ》いました。

ナチスは１９３２年《ねん》７月《がつ》31日《にち》の国政総選挙《こくせいそうせんきょ》に、〝すべての労働者《ろうどうしゃ》に仕事《しごと》とパンを！〟という標語《ひょうご》をかかげてのぞみ、ドイツ国会《こっかい》の第一党《だいいっとう》となりました。

ヒトラーは１９３３年《ねん》１月《がつ》、第一党《だいいっとう》の党首《とうしゅ》として、ヒンデンブルク大統領《だいとうりょう》からドイツ首相《しゅしょう》に任名《にんめい》されました。首相《しゅしょう》になったヒトラーは、景気《けいき》を回復《かいふく》させ、失業者《しつぎょうしゃ》をへらすことに成功《せいこう》して、ますます人気《にんき》は高《たか》まります。そして、１９３３年《ねん》３月《がつ》23日《にち》、強引《ごういん》なやり方《かた》で憲法《けんぽう》を改正《かいせい》し、「全権委任法《ぜんけんいにんほう》」という法律《ほうりつ》を議会《ぎかい》で可決《かけつ》させたのです。

全権委任法《ぜんけんいにんほう》が通《とお》れば、内閣《ないかく》は議会《ぎかい》にかけることなく、勝手《かって》に法律《ほうりつ》を制定《せいてい》できるのです。こうしてナチス一党《いっとう》とヒトラーによる独裁政治《どくさいせいじ》が始《はじ》まったのでした。

これで議会《ぎかい》は完全《かんぜん》に飾《かざ》り物《もの》になりました。

当時《とうじ》、世界《せかい》でもっとも進歩的《しんぽてき》だとされたワイマール憲法《けんぽう》は否定《ひてい》され、ドイツ民主主義《みんしゅしゅぎ》は終《お》わったのです。

やがてユダヤ人《じん》ばかりか、ロマ［4］の人《ひと》びと、有色人種《ゆうしょくじんしゅ》、心身障害者《しんしんしょうがいしゃ》、同性愛者《どうせいあいしゃ》を迫害《はくがい》する法律《ほうりつ》を、つぎつぎと制定《せいてい》していくことになります。

父《ちち》の決断《けつだん》

1933年《ねん》になってから、神経《しんけい》をとがらせて社会《しゃかい》の情勢《じょうせい》を見《み》てきたオットーは、こ

［4］9~10世紀《せいき》にインド北西部《ほくせいぶ》を出《で》て、東《ひがし》アジアをのぞく世界中《せかいじゅう》に散《ち》らばり、移動生活《いどうせいかつ》をしている少数民族《しょうすうみんぞく》。当時《とうじ》は馬車《ばしゃ》でくらす者《もの》が多《おお》く、馬《うま》の売買《ばいばい》や鍛冶《かじ》などで生活《せいかつ》をささえていた。ジプシーともよばれる。古来《こらい》より差別《さべつ》や迫害《はくがい》にあってきた。

の日《ひ》、ドイツはもうだめだと思《おも》いました。

そして妻《つま》エーディトに、

「これ以上《いじょう》、ドイツにはいられない。なるべく早《はや》く、国外《こくがい》に脱出《だっしゅつ》しようと思《おも》う。」

と告《つ》げたのです。そして、

「移住先《いじゅうさき》の候補《こうほ》は、アメリカ、ベルギー、オランダだが――どこがいいと思《おも》う？」

と相談《そうだん》しました。オットーは独身時代《どくしんじだい》、ニューヨークの有名《ゆうめい》なデパート、メイシー百貨店《ひゃっかてん》ではたらいたことがありました。この店《みせ》の経営者《けいえいしゃ》の息子《むすこ》が大学《だいがく》の同級生《どうきゅうせい》だったのです。たのめば、よろこんで亡命《ぼうめい》［5］を手《て》つだってくれるでしょう。当時《とうじ》のヨーロッパでは、ベルギーとオランダがユダヤ人《じん》を受《う》けいれてくれる数少《かずすく》ない国《くに》でした。

いずれにしても、できるだけ妻《つま》がなじみやすい土地《とち》にしたいと、オットーは考《かんが》えていました。エーディトは動揺《どうよう》しました。

「どうしても引《ひ》っ越《こ》しをしなければいけませんの？　アメリカ⁉　いやですわ。海《うみ》をわたって、あんな遠《とお》くまで行《い》くなんて！」

「わかった。では、オランダにしよう。オランダはとなりだし、オランダなら、ドイツ語《ご》を話《はな》す人《ひと》も、おおぜいいるよ。」

と、妻《つま》を安心《あんしん》させました。そしてすぐ、スイスで食品化学会社《しょくひんかがくがいしゃ》をいとなむ妹《いもうと》の夫《おっと》に相談《そうだん》し、オランダのアムステルダムで会社《かいしゃ》を起《お》こすことにしたのです。

5月《がつ》には、ベルリンのオペラ広場《ひろば》をはじめとする、ドイツの各所《かくしょ》でたびたび、ドイツ人以外《じんいがい》が書《か》いた本《ほん》や、ナチスが「退廃的《たいはいてき》」と判断《はんだん》した詩集《ししゅう》や本《ほん》が、ナチスの手《て》で焼《や》きすてられました。

ユダヤ系《けい》というだけで、経済学者《けいざいがくしゃ》マルクス〔6〕の重要《じゅうよう》な著作《ちょさく》や、ハイネ〔7〕の貴《き》

〔5〕政治的《せいじてき》な弾圧《だんあつ》や、思想《しそう》や宗教《しゅうきょう》などのちがいによる迫害《はくがい》から身《み》を守《まも》るため、自国《じこく》から外国《がいこく》へのがれること。

〔6〕1818〜1883年《ねん》。ドイツの経済学者《けいざいがくしゃ》、哲学者《てつがくしゃ》。裕福《ゆうふく》なユダヤ人《じん》の家庭《かてい》に生《う》まれる。経済《けいざい》のしくみを深《ふか》く考《かんが》えぬき、世界《せかい》に大《おお》きな影響《えいきょう》をあたえた。主《おも》な著書《ちょしょ》に『資本論《しほんろん》』『経済学批判《けいざいがくひはん》』などがある。

重《ちょう》な詩集《ししゅう》がどんどん焼《や》かれ、うしなわれていったのです。

そして7月《がつ》。アムステルダムへうつる用意《ようい》がととのったオットーは、

「わたしがひとりで先《さき》に行《い》く。落《お》ちついたらすぐ、君《きみ》たちをよぶからね。それまでアーヘンのお義母《かあ》さんのところで待《ま》っていておくれ。」

と、妻《つま》にたのみました。

父《ちち》がオランダへ向《む》かう日《ひ》の朝《あさ》、アンネは父《ちち》のズボンにかじりついて、泣《な》きました。

「どこ行《い》くの？　パパ。わたちもいっしょに行《い》きたい。」

「お仕事《しごと》だからね。アーヘンのおばあちゃんのところで待《ま》っていて。」

アーヘンはオランダとの国境《こっきょう》の町《まち》です。


［7］１７９７～１８５６年《ねん》。ドイツの詩人《しじん》、批評家《ひひょうか》。雑貨商《ざっかしょう》をいとなむまずしいユダヤ人《じん》の家庭《かてい》に生《う》まれる。青年期《せいねんき》はむくわれない恋《こい》の苦《くる》しみを美《うつく》しくうたい、のちに政治的《せいじてき》な詩《し》をうたった。主《おも》な詩集《ししゅう》に『歌《うた》の本《ほん》』『ロマンツェーロ』などがある。

オットーはおさないアンネをだきあげ、腰《こし》をかがめると、マルゴーのほおにキスしました。それからアンネをおろし、エーディトをだきしめました。

「すこしのしんぼうだ。娘《むすめ》たちをたのむよ。」

オットーがオランダへ向《む》かった数日後《すうじつご》。エーディトは、7歳《さい》のマルゴーと4歳《さい》のアンネをつれて、夫《おっと》の実家《じっか》からアーヘンの実家《じっか》にうつったのです。

アーヘンに旅立《たびだ》つ朝《あさ》、義母《ぎぼ》アリスはエーディトに、

「手紙《てがみ》をちょうだい。あちらのご家族《かぞく》に、くれぐれもよろしくね。」

と言《い》い、マルゴーとアンネをいっぺんにだきしめました。

「おふたりともお元気《げんき》で、いい子《こ》にしていてくださいね。」

今度《こんど》はお手《て》つだいさんが、マルゴーとアンネの手《て》をにぎりしめます。

マルゴーが、お手《て》つだいさんの胸《むね》にしがみついて泣《な》きだしました。

けれども、アンネはさっと身《み》を引《ひ》くと、元気《げんき》に手《て》をふりました。

「いい子《こ》はきらい！　じゃ、またね！」

2 ドイツ脱出《だっしゅつ》

オランダにうつりすむ

１９３３年夏《ねんなつ》。マルゴーとアンネは母《はは》とともに、ナチスに追《お》われるように、フランクフルトの家《いえ》から、ドイツ西部《せいぶ》アーヘンにある、祖母《そぼ》ローザの広《ひろ》い家《いえ》にうつりました。

フランクフルトの公立小学校《こうりつしょうがっこう》に入《はい》ったばかりだったマルゴーは、友《とも》だちとわかれてさびしそうです。いっぽうアンネは、新《あたら》しい生活《せいかつ》にすぐなれました。アーヘンは古《ふる》い大聖堂《だいせいどう》のある上品《じょうひん》な町《まち》です。ローザの広《ひろ》い家《いえ》には当時《とうじ》、母《はは》のふたりの兄《あに》ユリウスとヴァルターもいました。フランクフルトで休日《きゅうじつ》に、よくアンネたちをピクニックにつれていってくれた、独身《どくしん》のやさしいおじさんたちです。

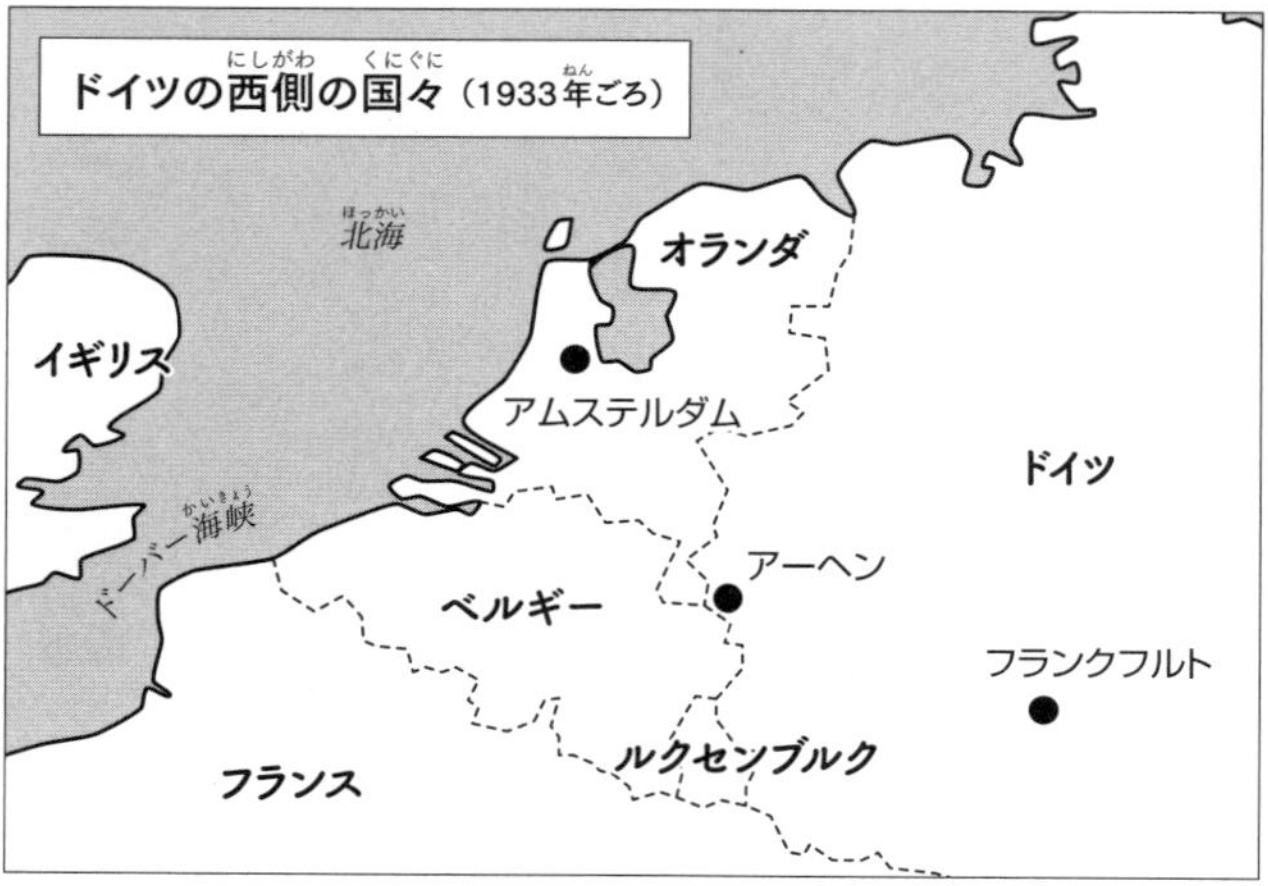

ドイツの西側《にしがわ》の国々《くにぐに》（1933年《ねん》ごろ）

マルゴーは礼儀《れいぎ》正《ただ》しく、

「おじさまたち、また、車《くるま》に乗《の》せて！」

とにっこりし、アンネは、

「ローザおばあちゃま！　お話《はなし》、聞《き》かせて！」

父《ちち》のズボンにかじりついて泣《な》いたのがうそのように、お話《はなし》をせがみます。

そのころ父《ちち》はオランダの首都《しゅと》アムステルダムで、新《あたら》しい会社《かいしゃ》を始《はじ》める準備《じゅんび》に大《おお》いそがしでした。母《はは》も週末《しゅうまつ》はアムステルダムに行《い》くことが多《おお》くなります。父《ちち》といっしょに、家族《かぞく》4人《にん》で住《す》むのにふさわしい家《いえ》を見《み》つけるためです。

そのあいだにもドイツの各都市《かくとし》では、ナチスによるユダヤ人《じん》の弾圧《だんあつ》がどんどんはげしくなっていきました。

独裁者《どくさいしゃ》となったヒトラーは、ナチスの政策《せいさく》を実行《じっこう》するため、強固《きょうこ》な警察権力《けいさつけんりょく》をととのえました。

「突撃隊《とつげきたい》（SA《エスエー》）」は、町《まち》でナチス政権《せいけん》に反対《はんたい》する人《ひと》を見《み》つけると、はげしい暴力《ぼうりょく》をふるい、ナチスを支持《しじ》しない人《ひと》たちを、恐怖《きょうふ》でおさえこみました。

令状《れいじょう》なしで郵便物《ゆうびんぶつ》を検閲《けんえつ》したり、電話《でんわ》を盗聴《とうちょう》したり、家宅捜索《かたくそうさく》も行《おこな》いました。

フランクフルトの町《まち》には「ユダヤ人《じん》おことわり」と書《か》いた札《ふだ》をはった店《みせ》が目立《めだ》つようになりました。1933年《ねん》10月《がつ》にはついに、フランクフルトの屋敷《やしき》を守《まも》っていた父《ち》方《かた》の祖母《そぼ》アリスが、結婚《けっこん》した娘《むすめ》をたよって、スイスに亡命《ぼうめい》します。アンネたちがアーヘンに引《ひ》っ越《こ》した、わずか3か月後《げつご》のことです。

ドイツではやがて、1935年《ねん》5月《がつ》に、ユダヤ人《じん》の国防軍入隊《こくぼうぐんにゅうたい》が禁止《きんし》され、9月《がつ》に「ニュルンベルク法《ほう》」が制定《せいてい》されます。この法律《ほうりつ》でユダヤ人《じん》は議員《ぎいん》になることも、選《せん》挙《きょ》で投票《とうひょう》することも、役人《やくにん》になることも禁止《きんし》されます。同時《どうじ》に、ユダヤ人《じん》とドイツ人《じん》の結婚《けっこん》もいっさい禁止《きんし》されるようになります。

さらに、ドイツのユダヤ人《じん》は、あらゆる職業《しょくぎょう》からしめだされ、1938年《ねん》にはパスポートも没収《ぼっしゅう》されます。ユダヤ人《じん》は、ドイツで人間《にんげん》らしく生《い》きることができなくなっていくのです。オットー・フランクは1933年秋《ねんあき》、オランダのアムステルダムで会社設立《かいしゃせつりつ》の準備《じゅんび》を始《はじ》める以前《いぜん》から、すでにそのような事態《じたい》を予感《よかん》していました。

古《ふる》くから迫害《はくがい》されてきたユダヤ人《じん》

ここで、ユダヤ人《じん》はどういう人《ひと》たちなのか、なぜこの時代《じだい》に迫害《はくがい》されたのかを説明《せつめい》しましょう。

ユダヤ人《じん》とは、ユダヤ教《きょう》を信《しん》じる人《ひと》びとのことです[1]。ユダヤ人《じん》のルーツは、いまのイスラエル、パレスチナ地方《ちほう》。紀元前《きげんぜん》1000年《ねん》ごろに自分《じぶん》たちの王国《おうこく》をもつことができましたが、近隣《きんりん》の強《つよ》い国《くに》にほろぼされ、ユダヤ人《じん》の住《す》む地域《ちいき》は、そのときどきの大国《たいこく》に支配《しはい》されるようになりました。

やがて１３５年《ねん》に、ユダヤ人《じん》は当時《とうじ》の大国《たいこく》ローマ帝国《ていこく》に対《たい》して反乱《はんらん》をおこしたために、エルサレムから追放《ついほう》されます。現在《げんざい》は１９４８年《ねん》に建国《けんこく》された国《くに》「イスラエル」がユダヤ人《じん》の国家《こっか》ですが、それまでの２０００年近《ねんちか》くのあいだ、ユダヤ人《じん》は自分《じぶん》たちの国《くに》をもてず、おもにヨーロッパ各地《かくち》に散《ち》らばって、ユダヤ教《きょう》を信仰《しんこう》しながらくらしていました。しかし、宗教《しゅうきょう》のちがいと、キリストを殺《ころ》したのはユダヤ人《じん》であるというあやまった説《せつ》のために、キリスト教徒《きょうと》からたびたび迫害《はくがい》にあってきました。

中世《ちゅうせい》のヨーロッパにおいて、ユダヤ人《じん》は土地《とち》をもつことが禁《きん》じられ、職業《しょくぎょう》が制限《せいげん》されました。

14世紀後半《せいきこうはん》にヨーロッパでペストが大流行《だいりゅうこう》すると、ユダヤ人《じん》が井戸《いど》に毒《どく》を投《な》げこん

[1] 実際《じっさい》には、ユダヤ人《じん》であっても、ほかの宗教《しゅうきょう》を信《しん》じる人《ひと》や、神《かみ》を信《しん》じない人《ひと》もいる。

だというわさが流《なが》れて大規模《だいきぼ》な迫害《はくがい》が起《お》こりました。

このような苦難《くなん》の道《みち》のりを歩《あゆ》んできたユダヤ人《じん》でしたが、1789年《ねん》にフランス革《かく》命《めい》［2］が起《お》こると「自由《じゆう》・平等《びょうどう》・博愛《はくあい》」［3］の精神《せいしん》のもと、ユダヤ人《じん》にも市民権《しみんけん》があたえられました。

ヨーロッパではその後《ご》、フランスにつづいてユダヤ人《じん》に市民権《しみんけん》をあたえる国《くに》が出《で》てきます。その結果《けっか》、ユダヤ人《じん》のなかにはキリスト教《きょう》に改宗《かいしゅう》するなど、住《す》みついた先《さき》の土地《とち》の文化《ぶんか》にとけこみくらしはじめる人《ひと》びとがあらわれました。

それからしばらく、ユダヤ人《じん》に対《たい》する偏見《へんけん》や敵意《てきい》、悪意《あくい》、迫害《はくがい》は影《かげ》をひそめたかに見《み》えました。けれどもヨーロッパのキリスト教徒《きょうと》の間《あいだ》には、根強《ねづよ》いユダヤ人差別意識《じんさべついしき》がつづいていたのです。

中世《ちゅうせい》において、ユダヤ人《じん》は土地《とち》をもつことができず、さらにえらべる職業《しょくぎょう》がかぎられたため、商人《しょうにん》になる人《ひと》が多《おお》くいました。アンネの父《ちち》フランクの生家《せいか》が経営《けいえい》してきた銀行《ぎんこう》＝金融業《きんゆうぎょう》は、もともとキリスト教徒《きょうと》がえらばない職業《しょくぎょう》でした。なぜなら、19世紀《せいき》になるころまで、キリスト教《きょう》では利子《りし》をとってお金《かね》を貸《か》すことは罪深《つみぶか》いと解釈《かいしゃく》されていたからです。それでも世《よ》の中《なか》の経済活動《けいざいかつどう》が活発《かっぱつ》になると商売《しょうばい》に成功《せいこう》して大金持《おおがねも》ちになるユダヤ人《じん》も出《で》てきます。そのような人《ひと》びとに自分《じぶん》たちと同《おな》じ市民権《しみんけん》がみとめられると、キリスト教徒《きょうと》のなかでもまずしい人《ひと》びとはそれをねたみ、自分《じぶん》の生活《せいかつ》に不満《ふまん》をもつようになります。

ドイツが第一次世界大戦《だいいちじせかいたいせん》に負《ま》け、国民《こくみん》が経済的《けいざいてき》に苦《くる》しくなっているいま、やり場《ば》のない怒《いか》りはユダヤ人《じん》に向《む》けられるだろうと、アンネの父《ちち》オットー・フランクは予想《よそう》し

[2] 1789年《ねん》にフランスで起《お》きた市民革命《しみんかくめい》。当時《とうじ》のフランスでは国王《こくおう》に政治《せいじ》の権力《けんりょく》が集中《しゅうちゅう》し、国民《こくみん》は重《おも》い税《ぜい》に苦《くる》しんでいた。そのため、国民《こくみん》が立《た》ちあがって国王《こくおう》をたおし、貴《き》族《ぞく》やキリスト教聖職者《きょうせいしょくしゃ》の特権《とっけん》をなくした。このとき出《だ》された「人権宣言《じんけんせんげん》」の、人間《にんげん》の自《じ》由《ゆう》・平等《びょうどう》などを守《まも》るという考《かんが》え方《かた》は、世界中《せかいじゅう》に広《ひろ》がった。

[3]「自由《じゆう》・平等《びょうどう》・博愛《はくあい》」は、フランス革命《かくめい》のスローガンであった。1871年《ねん》に成立《せいりつ》した第《だい》三共和政《きょうわせい》のもとで広《ひろ》く使《つか》われるようになり、1946年《ねん》に正式《せいしき》に国《くに》の標語《ひょうご》になった。

たのです。

アムステルダムの家《いえ》

さて、1933年《ねん》11月《がつ》のある日《ひ》、アムステルダムにやってきた妻《つま》エーディトに、オットーは言《い》いました。

「まずは、マルゴーをこちらの学校《がっこう》に入《い》れ、落《お》ちついたらアンネをつれてこよう。」

こうして、12月《がつ》に、まず姉《あね》マルゴーが母《はは》とふたりのおじにともなわれて、アムステルダムの新居《しんきょ》にうつりました。

「すぐむかえにきますからね、おばあちゃまの言《い》うことを聞《き》いて、いい子《こ》にしていて。」

母《はは》はおさないアンネに、そう言《い》いきかせました。ところが、

「言《い》うことを聞《き》くって、なあに？　いい子《こ》って、どういう子《こ》？」

あいかわらずきかん気《き》のアンネに、母《はは》はため息《いき》をつきました。でもそのいっぽう、

（この子《こ》は強《つよ》い、この子《こ》なら、すこしのあいだ、ひとりにしておいてもだいじょうぶよ。）

と、自分《じぶん》をはげましたのです。

年《とし》が明《あ》けて、1934年《ねん》2月《がつ》、アンネにもついにオランダにうつる日《ひ》が来《き》ました。

「おばあちゃま！　元気《げんき》でね。アムステルダムのおうちに、遊《あそ》びにきて。」

「ええ、ええ。もちろんですよ。」

祖母《そぼ》ローザはそう答《こた》えたものの、心《こころ》の中《なか》では、この子《こ》の顔《かお》を見《み》られるのも、これが最後《さいご》かもしれないと思《おも》っていました。新聞《しんぶん》を見《み》ても、ラジオを聞《き》いても、ドイツによるユダヤ人迫害《じんはくがい》ははげしさをますばかりだったからです。

アムステルダムの新《あたら》しい家《いえ》は、オランダにのがれてきた裕福《ゆうふく》なユダヤ人《じん》たちがかたまって住《す》む一画《いっかく》にありました。れんがづくりの高級《こうきゅう》アパートで、当時《とうじ》ではめずらしいセントラルヒーティング（各部屋《かくへや》に暖房《だんぼう》を行《い》きわたらせる装置《そうち》）つき。近《ちか》くには子《こ》ども

たちが遊《あそ》べる公園《こうえん》もあります。

アムステルダムはオランダ第《だい》一の都市《とし》。

にれの並木《なみき》とゆったりした運河《うんが》が何本《なんぼん》もある、古《ふる》くからの港町《みなとまち》。

冬《ふゆ》になると、こおった運河《うんが》の上《うえ》でスケートもできるとか。

おさないアンネは、この町《まち》がひと目《め》で気《き》に入《い》りました。

母《はは》に手《て》を引《ひ》かれて歩《ある》いていると、親《した》しげに声《こえ》をかけてくる人《ひと》が、おおぜい、います。アンネは母《はは》エーディトより先《さき》に、オランダ語《ご》を話《はな》せるようになりました。

そんなある日《ひ》の夕食後《ゆうしょくご》。アンネが、

「ねえ、パパ。毎日《まいにち》、どこまでお仕事《しごと》に行《い》くの？」

と聞《き》いたのです。オットーはアンネに、にっこりほほえみかけました。

「パパの会社《かいしゃ》はね、ここにあるんだよ。」

すぐそばにあった紙《かみ》に、さらさらと地図《ちず》をかき、

「パパの会社《かいしゃ》の名前《なまえ》はオペクタ商会《しょうかい》。プリンセン運河《うんが》の岸辺《きしべ》にあるんだ。」

と言《い》いました。

「たくさん、歩《ある》く？」

「そうだねえ。来週《らいしゅう》でも、ママといっしょに、車《くるま》でおいで。」

と、父《ちち》はほほえみました。次《つぎ》の週《しゅう》、お出《で》かけ用《よう》の小《ちい》さな白《しろ》い毛皮《けがわ》のコートを着《き》たアンネは、母《はは》につれられて父《ちち》の会社《かいしゃ》オペクタ商会《しょうかい》をたずねました。母《はは》がドアを開《あ》けるとすぐ、

「いらっしゃいませ！　奥《おく》さま。」

わかいきれいな女《おんな》の人《ひと》が、オランダ語《ご》で言《い》いました。

「パパの秘書《ひしょ》の、ミープ・サントロウシッツさんよ。ごあいさつなさい。」

母《はは》にドイツ語《ご》で言《い》われて、アンネは、

「こんにちは。ミープさん。アンネリース・フランクです！」

と、ドイツ語《ご》で、はきはき言《い》いました。

「まあ、お行儀《ぎょうぎ》がいいこと！　ではこちらへどうぞ、アンネリースさん。」

ミープさんはドイツ語《ご》もじょうずです。おさないアンネを母《はは》からはなし、大人《おとな》の女性《じょせい》のようにあつかいながら、自分《じぶん》の席《せき》に案内《あんない》しました。

大《おお》きな机《つくえ》のまんなかには、黒光《くろびか》りする、不思議《ふしぎ》な機械《きかい》があります。

「それ、なあに？」

「これはね、タイプライターというもの。紙《かみ》に文字《もじ》を打《う》ちだす機械《きかい》なの。」

「すごおい！　さわっていい？」

「ええ、もちろん。」

ミープさんは、アンネをタイプライターの前《まえ》にすわらせ、機械《きかい》にさっと白《しろ》い紙《かみ》をはさむと、アンネの小《ちい》さな手《て》をとって、あるキーをおさせました。キーがはねかえると、

「A《アー》だ！　紙《かみ》にアンネのA《アー》が出《で》てる！」

「そうよ、アンネちゃん。気《き》に入《い》った？」

ミープさんは、アンネをそっとどかせ、すばやくキーをたたくと、あっというまに、同《おな》じ紙《かみ》にアルファベットで「アンネリース・フランク」と、打《う》ちだしてみせました。

「うわぁ！　ミープさん、魔法使《まほうつか》いみたい。」

「ありがとう、アンネちゃん。でも、だれでも練習《れんしゅう》すればできるのよ。あなたもたくさん勉強《べんきょう》して、タイプライターでいっぱい文章《ぶんしょう》を書《か》いてね。」

ミープさんはアンネの髪《かみ》をそっとなでました。アンネはすてきなミープさんとタイプライターと、父《ちち》の広々《ひろびろ》とした会社《かいしゃ》が大《だい》すきになりました。

ハンネリ、サンネ、アンネのちびっこ3人組《にんぐみ》

おさないアンネは毎日《まいにち》でも、父《ちち》の会社《かいしゃ》へ遊《あそ》びにいきたがりました。けれども大人《おとな》たちには仕事《しごと》があり、子《こ》どものわがままばかり聞《き》いてはいられません。父《ちち》と姉《あね》が出《で》か

け、母《はは》が家事《かじ》をしているあいだは、ひとりで近所《きんじょ》に出《で》て、遊《あそ》ぶようになります。人《ひと》を見《み》れば、おぼえたてのオランダ語《ご》でまくしたてるかわいいアンネは、たちまち近所《きんじょ》の人気者《にんきもの》になりました。

こうしてアンネは1934年春《ねんはる》に、家《いえ》のすぐそばのモンテッソーリ・スクール［4］の幼稚園《ようちえん》に入園《にゅうえん》。9月《がつ》に小学生《しょうがくせい》になるのを待《ま》ちました。両親《りょうしん》は最初《さいしょ》、アンネを姉《あね》と同《おな》じ公立学校《こうりつがっこう》の、付属幼稚園《ふぞくようちえん》に通《かよ》わせるもりでした。けれども個性的《こせいてき》なアンネのためには、規則《きそく》がゆるく、生徒《せいと》の自由《じゆう》を重《おも》んじる、この学校《がっこう》が合《あ》っていると考《かんが》えたのです。

この幼稚園《ようちえん》でもアンネのおしゃべりは止《と》まりません。

「あのね！　今日《きょう》はね、わたしね！」

先生《せんせい》の顔《かお》を見《み》るなり、甲高《かんだか》い声《こえ》でまくしたてるのです。先生《せんせい》たちは、

「まあまあ！　がちょうみたい。」

こまりながらも、

「この子《こ》は、言葉《ことば》に興味《きょうみ》があるんですよ。そこをのばしてやりたいですね。」

「まあ、ともかく、にくめない子《こ》よね。」

と、ほほえみあうのでした。


モンテッソーリ・スクールの幼稚園《ようちえん》でアンネは、オランダ語《ご》がどんどんじょうずになり、つぎつぎと友《とも》だちを見《み》つけます。

まずは、ハンネリ・ホースラル。アンネの近所《きんじょ》に住《す》むユダヤ人一家《じんいっか》の長女《ちょうじょ》です。内気《うちき》なハンネリは、まだオランダ語《ご》がうまく話《はな》せません。

ハンネリのお父《とう》さんはベルリンの有名《ゆうめい》な経済学者《けいざいがくしゃ》で前政府《ぜんせいふ》の広報官《こうほうかん》でした。ところがナチスの迫害《はくがい》をおそれてドイツを脱出《だっしゅつ》。アンネ一家《いっか》とほぼ同時期《どうじき》にアムス

［4］イタリアの医師《いし》マリア・モンテッソーリ（1870〜1952年《ねん》）が考案《こうあん》した教育法《きょういくほう》を行《おこな》う学校《がっこう》。子《こ》どもがみずから経験《けいけん》して学《まな》ぶことを重《おも》んじる、感覚教育《かんかくきょういく》を特徴《とくちょう》としている。

テルダムに来《き》て、ユダヤ人《じん》のための小《ちい》さな法律事務所《ほうりつじむしょ》を開《ひら》いたのです。

この法律事務所《ほうりつじむしょ》を共同《きょうどう》で経営《けいえい》していたのが、ベルリンの有名《ゆうめい》な弁護士《べんごし》だったレーデルマンさん。レーデルマンさんもドイツから避難《ひなん》してきたユダヤ人《じん》です。アンネが通《かよ》う幼稚園《ようちえん》の同級生《どうきゅうせい》には、この一家《いっか》の次女《じじょ》サンネがいました。サンネの姉《あね》バルバラは、アンネの姉《あね》マルゴーと同《おな》じ学校《がっこう》の生徒《せいと》で、とてもなかよしでした。レーデルマン夫妻《ふさい》はバイオリンとピアノの名手《めいしゅ》で、自宅《じたく》で音楽会《おんがくかい》を開《ひら》き、アンネの一家《いっか》もよくまねかれたといいます。アンネの母《はは》エーディトも、手《て》づくりのお菓子《かし》で、ユダヤ人《じん》の仲間《なかま》をもてなしました。

ドイツをはなれたユダヤ人《じん》の大人《おとな》たちがたがいにはげましあって生《い》きていくなか、アンネ、ハンネリ、サンネのおさない3人《にん》は、家族《かぞく》ぐるみのなかよしとして、しょっちゅう、いっしょに遊《あそ》ぶようになります。リーダーはもちろんアンネ。

アンネは、かわいいきれいな子《こ》でしたが、わがままで、おませで、目立《めだ》ちたがりやなところがあって、なにごとも自分《じぶん》が中心《ちゅうしん》でなければ、気《き》がすみませんでした。それ

でもみんなに人気《にんき》があったのは、とても、人《ひと》なつっこかったからです。はげしく泣《な》いて自分《じぶん》の言《い》い分《ぶん》をとおすことも、しばしばありました。けれども泣《な》いたあとの笑顔《えがお》がとてもかわいらしく、大人《おとな》も子《こ》どもも、ついアンネをゆるしてしまうのです。

9月《がつ》、アンネは、ハンネリ、サンネとともに、モンテッソーリ・スクールの小学校《しょうがっこう》に入学《にゅうがく》。

日曜日《にちようび》には、よく3人《にん》で、アンネの父《ちち》につれられ、プリンセン運河《うんが》ぞいの会社《かいしゃ》に遊《あそ》びにいきました。

オペクタ商会《しょうかい》が入《はい》っているビルは入《い》り口《ぐち》がせまく、おくがおどろくほど深《ふか》いものでした。アムステルダムの古《ふる》いビルには、よくある形《かたち》です。昔《むかし》、入《い》り口《ぐち》が広《ひろ》いと、その分《ぶん》、高《たか》い税金《ぜいきん》を課《か》された、なごりです。会社《かいしゃ》の中《なか》には、ところどころにりっぱな花《か》びんや趣味《しゅみ》のいい絵《え》が飾《かざ》られていました。各部屋《かくへや》に電話《でんわ》があって、アンネたちはかくれんぼをしたり、部屋《へや》から部屋《へや》へ内線電話《ないせんでんわ》で話《はなし》をして遊《あそ》びました。

普通《ふつう》の日《ひ》の放課後《ほうかご》は、うちに帰《かえ》るとすぐ、友《とも》だち同士《どうし》で集《あつ》まって、遊《あそ》びまわります。当時《とうじ》アムステルダムの子《こ》どもたちの間《あいだ》では、友《とも》だちの家《いえ》のドアの前《まえ》で、口笛《くちぶえ》をふくのがはやっていました。アンネは口笛《くちぶえ》がふけなかったので、代《か》わりに歌《うた》を歌《うた》って、ハンネリやサンネをよびだしました。

アンネはその日《ひ》によって、ちがう歌《うた》をくちずさんでは、楽《たの》しげに友《とも》だちをよびだしました。

モンテッソーリ・スクールの小学校《しょうがっこう》の上級生《じょうきゅうせい》になったアンネは、女子《じょし》からも男子《だんし》からも人気《にんき》がありました。きれいで頭《あたま》がよくて活発《かっぱつ》で、パーティーではいつも主役《しゅやく》。そして映画《えいが》スターや、イギリスとオランダの王族《おうぞく》、雑誌《ざっし》から切《き》りぬいた名《な》もない赤《あか》ちゃんたちの写真《しゃしん》をどっさり集《あつ》めていました。

アンネもハンネリもサンネも、こんなふうに自由《じゆう》で楽《たの》しい生活《せいかつ》が、この先《さき》もずっとつづくことを信《しん》じてうたがいませんでした。

父《ちち》フランクの事業《じぎょう》も順調《じゅんちょう》です。

1938年《ねん》の秋《あき》にはジャムの材料《ざいりょう》をあつかうオペクタ商会《しょうかい》のほかにペクタコン商会《しょうかい》というスパイスの会社《かいしゃ》も経営《けいえい》するようになります。

ここオランダはまだ、ナチス・ドイツの迫害《はくがい》にさらされていません。フランク一家《いっか》の前《まえ》にはどこまでも、すばらしい未来《みらい》が開《ひら》けているように見《み》えました。

けれどもヒトラーの領土拡大《りょうどかくだい》の野心《やしん》はふくれあがるばかり。1938年《ねん》3月《がつ》、ナチスは、「ドイツ民族《みんぞく》の統合《とうごう》」という名目《めいもく》で、オーストリアを併合《へいごう》します。東方《とうほう》への領《りょう》土拡大《どかくだい》をもくろむヒトラーは次《つぎ》に、ドイツ人《じん》が多《おお》く住《す》むチェコスロバキア（現在《げんざい》のチェコとスロバキア）のズデーテン地方《ちほう》に目《め》をつけ、ここに住《す》むドイツ人《じん》を保護《ほご》するという口実《こうじつ》で、チェコスロバキアに侵攻《しんこう》しようとします。そこへ英仏伊《えいふつい》三国《ごく》が仲介《ちゅうかい》に入《はい》りました。三国《ごく》の国民《こくみん》は、第一次世界大戦後《だいいちじせかいたいせんご》、もう戦争《せんそう》はこりごりだと思《おも》っています。

英仏伊《えいふつい》の代表《だいひょう》たちは、なんとか戦争《せんそう》を起《お》こすまいと1938年《ねん》9月《がつ》、ミュンヘンをおとずれました。そして、チェコスロバキアの人《ひと》びとが知《し》らないうちに、ヒトラーに、これ以上領土《いじょうりょうど》の要求《ようきゅう》はしないと約束《やくそく》させ、ズデーテンのドイツ帰属《きぞく》をみとめてしまいました。

ナチス・ドイツによるチェコスロバキアへの侵攻《しんこう》は、ドイツからにげたユダヤ人《じん》たちを不安《ふあん》にさせました。アンネの両親《りょうしん》のように、オランダに住《す》むユダヤ人《じん》の大人《おとな》は、自分《じぶん》たちの身《み》にたいへんな危険《きけん》がせまっていることをひしひしと感《かん》じていました。ナチスの迫害《はくがい》からのがれる手段《しゅだん》をつねに考《かんが》えながらも、子《こ》どもたちにはなんとか、普通《ふつう》の生活《せいかつ》をさせようとつとめていたのです。ユダヤ人《じん》はいま、なにかと目《め》の敵《かたき》にされる。せめて親《おや》が面倒《めんどう》をみてやれるあいだは、余計《よけい》な心配《しんぱい》をせず、明《あか》るくすごさせてやりたい――それが多《おお》くのユダヤ人《じん》たちの親心《おやごころ》だったのです。

しのびよる魔《ま》の手《て》

ナチスのユダヤ人迫害《じんはくがい》の手《て》は、いやおうなくのびてきます。1938年《ねん》11月9日《がつここのか》。父《ちち》オットーが、もうひとつの会社《かいしゃ》ペクタコン商会《しょうかい》を始《はじ》めてまもなく、ドイツ各地《かくち》で、ナチスが裏《うら》で糸《いと》を引《ひ》く暴動《ぼうどう》が起《お》こり、ユダヤ人《じん》の教会《きょうかい》や店《みせ》や家《いえ》が焼《や》き討《う》ちにされました。ナチスは、街路《がいろ》に散乱《さんらん》したガラスの破片《はへん》からこの暴動《ぼうどう》の夜《よる》を「クリスタルナハト（水晶《すいしょう》の夜《よる》）」と、ほこらしげに名《な》づけました。

この混乱《こんらん》で、アーヘンにいたアンネたちの母《はは》エーディトのふたりの兄《あに》ユリウスとヴァルターが逮捕《たいほ》されたのです。ユリウスおじさんは第一次世界大戦《だいいちじせかいたいせん》のとき、ドイツ軍《ぐん》に従軍《じゅうぐん》していたことがわかり、すぐに釈放《しゃくほう》されました。ナチスはドイツ軍《ぐん》としてたたかった者《もの》には寛大《かんだい》だったからです。けれども従軍経験《じゅうぐんけいけん》のないヴァルターおじさんは収容所《しゅうようじょ》に送《おく》られることになりました。アンネの父《ちち》オットーは、急《いそ》いであちこちに手《て》をまわし、なんとかヴァルターを釈放《しゃくほう》させました。ふたりのおじは、祖母《そぼ》ローザをつれて、アメリカに亡命《ぼうめい》するつもりでした。けれどもローザは、すでに72歳《さい》。遠《とお》いアメリカまで船《ふね》にゆられていくことに不安《ふあん》を感《かん》じていました。

すると、エーディトからその話《はなし》を聞《き》いたオットーが、

〝お義母《かあ》さん、ぜひわが家《や》へどうぞ。アムステルダムでいっしょに住《す》みましょう。〟

と、手紙《てがみ》で申《もう》しでたのです。ローザはこれを、ありがたく受《う》けました。

〝おばあちゃま、早《はや》く来《き》て！〟

アンネも、このあいだローザがアーヘンから送《おく》ってくれた万年筆《まんねんひつ》で、手紙《てがみ》を書《か》きました。

まもなく、オランダ政府《せいふ》からローザの居住許可《きょじゅうきょか》がおり、ローザがアムステルダムへうつってきます。1939年《ねん》3月《がつ》のことでした。

「わーい！　ローザおばあちゃまと、またくらせる！」

アンネもマルゴーも大喜《おおよろこ》びです。

「生《い》きてまた、あなたたちの顔《かお》を見《み》られるとはねえ！　ほんとうにうれしいわ。」

やさしいローザはふたりをだきしめ、美《うつく》しい刺繍《ししゅう》のハンカチでそっとなみだをおさえました。

そのころドイツのヒトラーは、英仏伊《えいふつい》との約束《やくそく》を1年《ねん》もしないうちにやぶり、チェコスロバキアをすべて占領《せんりょう》しました。

4月《がつ》に、ユリウスおじさんが、アメリカに脱出《だっしゅつ》します。

そんななかで、6月《がつ》12日《にち》、アンネは10歳《さい》になりました。この年《とし》も地味《じみ》なお祝《いわ》いでしたが、

「わたし、10歳《さい》よ！　たいしたもんだわ。」

アンネは、歳《とし》が2桁《ふたけた》になったことで、ひそかに得意《とくい》になっていました。

すると、約《やく》1か月半後《げつはんご》の8月《がつ》23日《にち》、ヒトラーがソ連《れん》の政治指導者《せいじしどうしゃ》スターリンによびかけ、とつぜんの独《どく》ソ不可侵条約《ふかしんじょうやく》をむすびました。

「ヒトラーがソ連《れん》と手《て》を組《く》んだ!?」

「これにはもちろん、裏《うら》があるはずだ。」

ヨーロッパ中《じゅう》がおどろき、ヒトラーの次《つぎ》の動《うご》きを、目《め》を皿《さら》のようにして見守《みまも》っています。フランク家《け》でも、不安《ふあん》におののくユダヤ人《じん》たちが毎晩《まいばん》のように集《あつ》まり、まさかの場合《ばあい》の対策《たいさく》を練《ね》っていました。

「こうなると、次《つぎ》はポーランドだろうな。」

「あそこには300万人《まんにん》のユダヤ人《じん》がいるぞ。」

けれどもマルゴーとアンネがあいさつに入《はい》ってくると、ひそひそ話《ばなし》はぴたりとやみ、満面《まんめん》の笑《え》みがふたりに向《む》けられるのです。

もちろん、子《こ》どもたちに暗《くら》い話題《わだい》を聞《き》かせまいとする大人《おとな》たちの気《き》づかいでした。とはいえ、わかくかわいいふたりの姿《すがた》は大人《おとな》たちを笑顔《えがお》にせずにはおかなかったのです。

翌《よく》9月《がつ》、大人《おとな》たちが予想《よそう》したとおり、ナチス・ドイツがポーランドに侵攻《しんこう》したというニュースが入《はい》ります。当時《とうじ》ポーランドの同盟国《どうめいこく》だったイギリスとフランスは、しぶしぶドイツに宣戦布告《せんせんふこく》します。これが第二次世界大戦《だいにじせかいたいせん》の引《ひ》き金《がね》となりました。両国《りょうこく》とも、なんとか戦争《せんそう》はさけたいと思《おも》っていたのです。けれども同盟国《どうめいこく》を守《まも》るには、出兵《しゅっぺい》するしかありませんでした。

ドイツは弱腰《よわごし》の英仏《えいふつ》をあざわらうように、攻撃《こうげき》の手《て》を強《つよ》めます。

そのあいだにも、近所《きんじょ》にはドイツを追《お》われたユダヤ人《じん》たちがぞくぞくとにげてきます。

「あの人《ひと》たちにくらべれば、うちは申《もう》しわけないほど、いいくらしをしていますわね。」

「すこしでも力《ちから》になりたいものだ。」

フランク夫妻《ふさい》は、おくれてにげてきたユダヤ人《じん》たちにおしみなく、お金《かね》を貸《か》したり、食料《しょくりょう》を提供《ていきょう》しました。

12月《がつ》には、アムステルダムの一画《いっかく》にひそんでいたヴァルターおじさんも、兄《あに》のユリウスおじさんを追《お》って、アメリカに向《む》かいました。

一家《いっか》はほっとして年《とし》をこします。

翌《よく》1940年《ねん》2月《がつ》16日《にち》には、マルゴーの14歳《さい》の誕生日《たんじょうび》がやってきました。

「マルゴー、おめでとう！　なにかあげたいけれど、今年《ことし》は——なにもなくてねえ。」

ローザがさみしそうにほほえみます。

「おばあちゃまったら！　おばあちゃまがいっしょにいてくれることがいちばんのプレゼントよ。」

マルゴーは心《こころ》から言《い》うと、ローザをしっかりとだきしめました。

おいしいごちそうと、明《あか》るい笑顔《えがお》。そして楽《たの》しいおしゃべり。

一家《いっか》は、ひさしぶりに、のんびりしたひとときをすごすことができました。

やがて、ナチス・ドイツは、同《おな》じように植民地《しょくみんち》の拡大《かくだい》を目指《めざ》していた日本《にっぽん》やイタリアと手《て》をむすんで「枢軸国《すうじくこく》」と名乗《なの》り、イギリス、フランス、アメリカ、中国《ちゅうごく》などからなる「連合国《れんごうこく》」と対立《たいりつ》。

やがて世界中《せかいじゅう》が、「第二次世界大戦《だいにじせかいたいせん》」という巨大《きょだい》な渦《うず》にまきこまれていくのです。

占領下《せんりょうか》のオランダで

「ドイツ軍《ぐん》はがむしゃらだ。しかも油断《ゆだん》がならない。」

「われわれだって、いつやられるか……。」

と、オランダの人《ひと》びとはささやきあいました。フランスにせめいりたいドイツにとって、中立国《ちゅうりつこく》とはいえ、ベルギー、オランダ、ルクセンブルクの小《ちい》さな三国《ごく》が重要《じゅうよう》な通《とお》り道《みち》になるからです。

多《おお》くの人《ひと》の不安《ふあん》を裏《うら》づけるように、1940年《ねん》5月《がつ》10日《とおか》の早朝《そうちょう》。ドイツがとつぜん、オランダに宣戦布告《せんせんふこく》しました。オランダは空《そら》に英国機《えいこくき》を通過《つうか》させている。中立国《ちゅうりつこく》ではない。連合国側《れんごうこくがわ》だというのです。

「ドイツがオランダに宣戦布告《せんせんふこく》！　落下傘部隊《らっかさんぶたい》が降下《こうか》！」

ラジオの緊急放送《きんきゅうほうそう》に、アムステルダムのアンネ一家《いっか》は、ぼうぜんとしました。

「あの野獣《やじゅう》め！」

オットーがめずらしく、はげしい言葉《ことば》でヒトラーをののしります。

市内《しない》の学校《がっこう》は、すべて休校《きゅうこう》になりました。

家族《かぞく》を心配《しんぱい》しながら出社《しゅっしゃ》した父《ちち》は、夕方《ゆうがた》、帰《かえ》ってくると、

「町《まち》は大混乱《だいこんらん》だよ。ドイツ人《じん》を引《ひ》きずりだして乱暴《らんぼう》しようとする者《もの》。自動車《じどうしゃ》でスイスへにげる家族《かぞく》。なんの手立《てだ》てもないと絶望《ぜつぼう》して、一家心中《いっかしんじゅう》をはかる人《ひと》たちも出《で》たらしい。」

と報告《ほうこく》しました。

「わたしたちは、どうすれば……。」

いまにも泣《な》きだしそうな母《はは》に父《ちち》は、

「われわれは、このアムステルダムでがんばるんだ。それしかないよ。」

まっ青《さお》な顔《かお》で告《つ》げます。母《はは》は深《ふか》くうなずきました。

アンネ一家《いっか》には自家用車《じかようしゃ》がなく、高齢《こうれい》の祖母《そぼ》ローザをかかえていたからです。

2週間《しゅうかん》ばかりまえ、オランダの状況《じょうきょう》を心配《しんぱい》したイギリスの親戚《しんせき》から、娘《むすめ》ふたりだけでもあずかりましょうという手紙《てがみ》を受《う》けとったばかりでした。

けれどもオットーは、申《もう》し出《で》に深《ふか》く感謝《かんしゃ》しつつ、

〝夫婦《ふうふ》と娘《むすめ》たちと妻《つま》の母《はは》ローザ。この5人《にん》がそろってこそ、わが一家《いっか》なのです。〟

と、ことわりの手紙《てがみ》を出《だ》したのです。こうなったいまも、オットーは自分《じぶん》の決断《けつだん》をくやんでいませんでした。もちろんエーディトも同《おな》じでした。

ドイツがせめこんでくると、オランダのウィルヘルミナ女王《じょおう》はすぐさま、ヒトラーに手紙《てがみ》で抗議《こうぎ》しました。

もちろん返事《へんじ》はありません。

1940年《ねん》5月《がつ》13日《にち》。悲嘆《ひたん》にくれるウィルヘルミナ女王《じょおう》は、オランダ政府高官《せいふこうかん》たちの説得《せっとく》を受《う》けいれ、イギリスに亡命《ぼうめい》。

翌《よく》14日《か》に、ロッテルダムが空爆《くうばく》で壊滅《かいめつ》。オランダはあっけなくやぶれ、ドイツ軍《ぐん》が

乗《の》りこんできます。

アムステルダムの町角《まちかど》には、鉄《てつ》かぶとのドイツ兵《へい》がたたずむようになったものの、とくになにかがかわったわけでもありません。食料《しょくりょう》と衣料《いりょう》は配給制《はいきゅうせい》になりましたが、品物《しなもの》はたっぷりありました。

空爆《くうばく》から約《やく》1か月《げつ》もしないうちに、アムステルダムでは学校《がっこう》も会社《かいしゃ》も再開《さいかい》され、広《ひろ》場《ば》には子《こ》どもの姿《すがた》がもどってきました。

「まあまあ、よかった。思《おも》ったほどひどくはないじゃないか。」

多《おお》くの市民《しみん》は胸《むね》をなでおろします。けれどもオットー・フランクは油断《ゆだん》しませんでした。ヒトラーは、オランダのユダヤ人《じん》を徹底的《てっていてき》に迫害《はくがい》するはずだからです。

オランダは第一次世界大戦《だいいちじせかいたいせん》以来《いらい》、中立国《ちゅうりつこく》で、しかも国民感情《こくみんかんじょう》はドイツ寄《よ》りだとされてきました。それなのに、ナチス・ドイツはなぜ、とつぜんオランダにふみこんだのでしょう？ 理由《りゆう》はいくつかありますが、まずはイギリスとの戦《たたか》いのために、北海沿《ほっかいえん》岸《がん》に空軍《くうぐん》基地《きち》がほしいと、ドイツ空軍《くうぐん》が主張《しゅちょう》したこと。しかもルール工業地帯《こうぎょうちたい》を敵《てき》から守《まも》る緩衝地帯《かんしょうちたい》として、オランダはちょうどいい位置《いち》にありました。さらには、ドイツが当時《とうじ》くわだてていたベルギー侵攻《しんこう》から連合軍《れんごうぐん》の注意《ちゅうい》をそらす効果《こうか》もねらっていたのです。

占領下《せんりょうか》の日々《ひび》も、マルゴーとアンネは勉強《べんきょう》にはげみ、よく遊《あそ》びました。

「安心《あんしん》して勉強《べんきょう》し、遊《あそ》びなさい。それが子《こ》どもの仕事《しごと》だ。」

と、父《ちち》に言《い》われていたからです。

1940年《ねん》6月《がつ》12日《にち》、アンネは11歳《さい》になりました。

家族《かぞく》みんなが、いつものように、アンネを祝福《しゅくふく》してくれました。

「あなたは頭《あたま》がよくて、楽《たの》しい子《こ》。これからうんと人生《じんせい》を楽《たの》しんで！」

祖母《そぼ》ローザが、アンネのほおにやさしくキスします。

「ありがとう！　ローザおばあちゃま！」

アンネはローザをかたくだきしめました。

そのあいだにも、ナチス・ドイツはちゃくちゃくと、ユダヤ人迫害計画《じんはくがいけいかく》を進《すす》めています。

8月《がつ》には、ユダヤ人《じん》は「外国人登録《がいこくじんとうろく》」をするようにとの命令《めいれい》が出《で》ます。1933年《ねん》1月1日以降《がつついたちいこう》、ドイツからオランダに移住《いじゅう》したユダヤ人《じん》は全員《ぜんいん》、外国人課《がいこくじんか》に申告《しんこく》せよというのです。

ごく普通《ふつう》の登録《とうろく》でそれ以上《いじょう》のものではないとのことでしたが、ナチスはこれで、町《まち》のどこになんという名前《なまえ》のユダヤ人《じん》が住《す》んでいるかを、ひと目《め》で知《し》ることができるようになったのです。アンネの一家《いっか》も登録《とうろく》しました。

すると10月《がつ》、ユダヤ人《じん》が会社《かいしゃ》を経営《けいえい》することを禁《きん》じる命令《めいれい》が出《で》たのです。

(ついに来《き》たな。)

オットーは、すばやく、これに対応《たいおう》しました。

社員《しゃいん》たちと打《う》ちあわせていたとおり、オペクタ商会《しょうかい》とペクタコン商会《しょうかい》の資産《しさん》を守《まも》る工作《こうさく》を始《はじ》めたのです。

オペクタ商会《しょうかい》は幹部《かんぶ》のヨー・クレイマン氏《し》に社長《しゃちょう》を交代《こうたい》しました。

ペクタコン商会《しょうかい》はミープさんの婚約者《こんやくしゃ》ヤン・ヒースさんの名前《なまえ》をかりて「ヒース商会《しょうかい》」とし、ビクトル・クーフレルさんが社長《しゃちょう》となりました。これで2社《しゃ》は、どちらもユダヤ人企業《じんきぎょう》からオランダ企業《きぎょう》にかわったのです。とはいえ実際《じっさい》の社長《しゃちょう》はオットー・フランクです。

重要《じゅうよう》な仕事《しごと》の決断《けつだん》は、かならずオットーが行《おこな》いました。

オットーはあまり会社《かいしゃ》に行《い》かなくなり、家《いえ》から電話《でんわ》で社員《しゃいん》たちに指示《しじ》を出《だ》すことが多《おお》くなりました。

オットーは、妻《つま》エーディトの実家《じっか》がドイツにもっていた莫大《ばくだい》な資産《しさん》を、みるみるとりあげられていくのを、だまって見《み》ていなければなりませんでした。

(せめて、この2社《しゃ》だけでも、ナチスの手《て》から守《まも》れたのは幸《さいわ》いだ。)

オットーは胸《むね》をなでおろしたものの、まだ油断《ゆだん》はできないと思《おも》っていました。

翌《よく》1941年《ねん》1月《がつ》には、ユダヤ人《じん》は映画館《えいがかん》に入場《にゅうじょう》できなくなります。映画《えいが》が大《だい》すきなアンネは、大《だい》ショックを受《う》けました。すると、オットーはすかさず、映写機《えいしゃき》とフィルムを買《か》って、自宅《じたく》で上映会《じょうえいかい》を始《はじ》めました。土曜日《どようび》の夜《よる》には、アンネの友《とも》だちがおおぜい、フランク家《け》に集《あつ》まって映画《えいが》を楽《たの》しむようになります。

ところが、5月末《がつまつ》には、ユダヤ人《じん》はプール、公園《こうえん》、公立施設《こうりつしせつ》などへの立《た》ち入《い》りも禁《きん》じられてしまいました。さすがオットーでも、家《いえ》にプールまではつくれません。海岸《かいがん》も立《た》ち入《い》り禁止《きんし》。ユダヤ人《じん》の子《こ》どもたちは、夏《なつ》いちばんの楽《たの》しみをうばわれることになりました。

ナチスは、網《あみ》をたぐるように、ユダヤ人《じん》の生活範囲《せいかつはんい》をじりじり、せばめていきます。公立病院《こうりつびょういん》も、ユダヤ人《じん》を受《う》けいれてくれなくなりました。6月《がつ》に祖母《そぼ》ローザががんで手術《しゅじゅつ》をしたときも、両親《りょうしん》はたいへんな思《おも》いをして病院《びょういん》を見《み》つけたものです。

そんななか、アンネは6月《がつ》12日《にち》、12歳《さい》の誕生日《たんじょうび》をむかえます。祖母《そぼ》ローザの入院《にゅういん》もあって、大《おお》きなお祝《いわ》いはできませんでしたが、母《はは》からなんと、自転車《じてんしゃ》が贈《おく》られました！

「うわぁ！　ママ、ありがとう。」

最近《さいきん》、母《はは》にさからってばかりいるアンネも、このときばかりは大喜《おおよろこ》びです。

7月《がつ》にはさらに、もうひとつ、すてきなイベントが待《ま》っていました。

父《ちち》の秘書《ひしょ》ミープさんが結婚《けっこん》したのです。7月《がつ》16日《にち》のことでした。長年《ながねん》つきあってきたヤン・ヒースさんは、アムステルダム市役所《しやくしょ》の社会福祉局《しゃかいふくしきょく》につとめる、長身《ちょうしん》のやさしい男性《だんせい》です。

オットーはふたりのために、会社《かいしゃ》で親《した》しい人《ひと》だけのお祝《いわ》いパーティーをしました。

アンネも晴《は》れ着《ぎ》を着《き》て、かいがいしく、パーティーを手《て》つだいます。

4歳《さい》のときにはじめて会《あ》ったとき以来《いらい》、ミープさんは、アンネのあこがれの女性《じょせい》でした。

（ミープさんはすごいわ。会社《かいしゃ》できびきびはたらいて、あんなすてきな人《ひと》と恋《こい》をして、結婚《けっこん》するのよ！）

幸《しあわ》せそうなミープさんを見《み》ながら、いつかは自分《じぶん》も、こんなすてきな花嫁《はなよめ》になりたいと、ひそかに思《おも》うのでした。

けれども、大人《おとな》も子《こ》どももほんとうに楽《たの》しめたのは、その1日《にち》だけでした。

ナチスは、数週間《すうしゅうかん》まえから、6歳以上《さいいじょう》のユダヤ人全員《じんぜんいん》に「J《ジェー》」の印《いん》がおされた新《あたら》しい身分証明書《みぶんしょうめいしょ》を持《も》たせました。いったい、次《つぎ》にどんな弾圧《だんあつ》をくわえてくるつもりなのか？

「――やはり、いざというときの逃《に》げ場《ば》はつくっておいたほうがいい。」

オットーは、会社《かいしゃ》と家族《かぞく》を守《まも》るため、ある計画《けいかく》を進《すす》めます。

アンネたちがいないところで、両親《りょうしん》がひそひそと話《はな》しこむ日《ひ》がつづきます。

すると9月《がつ》のはじめ、アンネはもうモンテッソーリ・スクールには通《かよ》えない、という通知《つうち》がとどきました。ユダヤ人《じん》の子《こ》どもは全員《ぜんいん》、10月《がつ》にできるユダヤ人学校《じんがっこう》に強制《きょうせい》的《てき》に転校《てんこう》させる、というのです。

「なぜよ？　パパ。なぜ、ユダヤ人《じん》は、こんなにいじめられなくちゃいけないの⁉」

オットーは、転校命令通知《てんこうめいれいつうち》をにぎりしめて、くやしがるアンネに言《い》いました。

「いいかね、アンネ。ユダヤ人《じん》は商売《しょうばい》がうまく、根性《こんじょう》がある。いまはユダヤ人《じん》としての国家《こっか》がなく、世界各地《せかいかくち》に散《ち》らばって住《す》んでいるが、世界中《せかいじゅう》にいる親戚《しんせき》たちとは、つねに強《つよ》くむすばれている。イギリスのおばさん、スイスのおばあちゃん、アメリカのおじさんたち。みんな、ことあるごとに手紙《てがみ》を出《だ》しあい、おたがいを気《き》づかっているね。だから、自分《じぶん》がユダヤ人《じん》であることに、ほこりをもとうじゃないか。このおろかな戦争《せんそう》も、きっともうすぐ終《お》わる。そうしたら、自由《じゆう》で平和《へいわ》で、明《あか》るく楽《たの》しい世界《せかい》が始《はじ》まるさ。」

アンネがまたうなずくと、父《ちち》はさらに言《い》いました。

「それからね、アンネ。ユダヤ人《じん》がいい、ドイツ人《じん》が悪《わる》いという考《かんが》えはまちがいだよ。みんな同《おな》じ人間《にんげん》だ。パパの会社《かいしゃ》でも、ユダヤ人《じん》とオランダ人《じん》がたがいに尊敬《そんけい》しあって、仲《なか》よくはたらいている。お得意先《とくいさき》には信頼《しんらい》できるドイツ人《じん》もたくさんいるからね。」

口答《くちごた》えが大《だい》すきなアンネも、今度《こんど》ばかりは、素直《すなお》にうなずきました。そして、

「じゃあ、パパ、わたしはいま、どうすればいいの？」

父《ちち》の目《め》を、食《く》いいるようにのぞきました。

「まずは、たくさん本《ほん》を読《よ》みなさい。そうすればいろいろわかってくる。そして、いまを楽《たの》しめ！　なにがあっても心配《しんぱい》しなくていいよ。」

父《ちち》は自分自身《じぶんじしん》に言《い》いきかせるように言《い》い、アンネのつややかな黒髪《くろかみ》をなでました。

ユダヤ人学校《じんがっこう》のアンネ

父《ちち》はアンネのためにさまざまな本《ほん》をそろえてくれました。世界児童名作全集《せかいじどうめいさくぜんしゅう》や、ドイツの詩人《しじん》の本《ほん》。そして人気《にんき》の少女小説《しょうじょしょうせつ》……。

ナチスのきびしい警戒《けいかい》をぬって、ふたりでいなかへ旅行《りょこう》もしました。

「なあ、ママ。アンネはいま、子《こ》どもの殻《から》から脱皮中《だっぴちゅう》だ。応援《おうえん》してやろうよ。」

「ええ。でも、気《き》のどくなほどたいへんそうですわ。マルゴーは、あんなではなかったのに。」

両親《りょうしん》がそんな話《はなし》をしていることを、アンネはまったく知《し》りませんでした。

1941年《ねん》10月《がつ》、アンネは、ユダヤ人学校《じんがっこう》の7年生《ねんせい》（中《ちゅう》1）のクラスに入《はい》ります。とつぜんの転校《てんこう》に、アンネは最初《さいしょ》、不安《ふあん》でいっぱいでした。通学《つうがく》もたいへんです。モンテッソーリ・スクールは、家《いえ》から歩《ある》いて5分《ふん》ほどのところにありましたが、今度《こんど》の学校《がっこう》は町《まち》はずれ。市電《しでん》か自転車《じてんしゃ》でなければ通《かよ》えません。アンネは誕生日《たんじょうび》に母《はは》から贈《おく》られた自転車《じてんしゃ》で通《かよ》うことにしました。ところがそう言《い》ったとたん、

「だいじょうぶかしら？　場所《ばしょ》はわかる？　気《き》をつけて乗《の》るのよ。」

母《はは》が、ついつい余計《よけい》な口《くち》を出《だ》すと、

「おねがい。だまってて！　ママ。」

いらいらと口答《くちごた》え。

ほんとうはわたしだって心配《しんぱい》なのよとは、口《くち》がさけても言《い》えません。

転校初日《てんこうしょにち》、同《おな》じクラスに、なかよしのハンネリの姿《すがた》を見《み》つけたときには、心《こころ》からほっとしました。

「わあ！　アンネ！　アンネ！」

あいかわらず内気《うちき》なハンネリも、アンネといっしょのクラスになれて大喜《おおよろこ》びです。

サンネは残念《ざんねん》ながら、別《べつ》のユダヤ人学校《じんがっこう》へ行《い》きました。

「ほら、ハンネリ、そこにすわろ！　ぐずぐずしていると、別々《べつべつ》の席《せき》になっちゃうよ。」

アンネは内気《うちき》なハンネリをせきたて、すばやくとなりあわせの席《せき》に着《つ》きました。

この学校《がっこう》には優秀《ゆうしゅう》で熱心《ねっしん》な先生《せんせい》がたくさんいました。いままでオランダの高校《こうこう》や大《だい》学《がく》で教《おし》えていたユダヤ人《じん》の先生《せんせい》たちが、ナチスの命令《めいれい》で職《しょく》をうばわれ、この学校《がっこう》で教《おし》えることになったのです。先生方《せんせいがた》は、生徒《せいと》たちを大人《おとな》のようにあつかってくれました。

同《おな》じ学校《がっこう》の10年生《ねんせい》（高《こう》1）にはマルゴーがいます。姉妹《しまい》が同《おな》じ学校《がっこう》に通《かよ》うのは、これがはじめて。マルゴーは公立女子中学校時代《こうりつじょしちゅうがっこうじだい》から美人《びじん》の優等生《ゆうとうせい》として有名《ゆうめい》でしたが、男女共学《だんじょきょうがく》のユダヤ人学校《じんがっこう》では、男子《だんし》の注目《ちゅうもく》の的《まと》になりました。アンネもすぐ学校《がっこう》の人気者《にんきもの》になります。でもそれは美人《びじん》だったからというより、頭《あたま》の回転《かいてん》が速《はや》く、話《はなし》がおもしろかったからです。同級生《どうきゅうせい》より年上《としうえ》の男子《だんし》からもてました。

放課後《ほうかご》、ほかの女《おんな》の子《こ》たちといっしょに、ユダヤ人《じん》が入《はい》れる数少《かずすく》ないアイスクリーム屋《や》に入《はい》っていくと、男《おとこ》の子《こ》たちがきそってアイスクリームをおごってくれました。アンネは有頂天《うちょうてん》。スイスの祖母《そぼ》アリスに手紙《てがみ》で、

〝わたし、女《おんな》の子《こ》より男《おとこ》の子《こ》の友《とも》だちのほうが多《おお》いんですよ。〟

と、得意《とくい》げに報告《ほうこく》したりしています。

ユダヤ人学校《じんがっこう》のアンネは、なかなかの好成績《こうせいせき》でした。ただしマルゴーのように全科《ぜんか》目優等《もくゆうとう》というわけにはいきません。モンテッソーリ時代《じだい》から数学《すうがく》が苦手《にがて》で、興味《きょうみ》をも

とうとしません。数学《すうがく》の時間《じかん》になると、となりの席《せき》のハンネリに、ひそひそ話《はな》しかけます。

「ハビちゃん、元気《げんき》？　今度《こんど》また、だっこさせて！　マルゴーと行《い》くね。」

ハビちゃんとは当時《とうじ》、生《う》まれたばかりのハンネリの妹《いもうと》のこと。そうかと思《おも》うと、

「ねえ、放課後《ほうかご》、うちによって、モールチェ見《み》ていけば。サンネもよぼう。」

モールチェというのは、最近《さいきん》飼《か》うのをゆるしてもらったばかりのねこの名前《なまえ》です。

「こら、アンネ・フランク！」

ある日《ひ》、数学《すうがく》の先生《せんせい》がついにおこり、アンネに罰《ばつ》として「おしゃべりについて」という作文《さくぶん》を書《か》いてくるよう命《めい》じました。

次《つぎ》の授業《じゅぎょう》のとき、アンネは、こんなしゃれた作文《さくぶん》を提出《ていしゅつ》しました。

〝おしゃべりは、神《かみ》さまが女性《じょせい》にくださった贈《おく》り物《もの》のひとつだと思《おも》います。だからわたしは、おしゃべりが大《だい》すき！　母《はは》も、ふたりの祖母《そぼ》も大《だい》のおしゃべり好《ず》き。わたし

たち女性《じょせい》は、おしゃべりのおかげで、かしこく楽《たの》しくくらせます。こんなすてきな贈《おく》り物《もの》を、自分《じぶん》の代《だい》ですてることはできません〟

作文《さくぶん》を読《よ》んだ数学《すうがく》の先生《せんせい》はくすくすわらい、

「いや、よく書《か》けている。アンネは未来《みらい》の大作家《だいさっか》だね。」

と、ほめてくれました。

いい気《き》になったアンネは、次《つぎ》の授業《じゅぎょう》でも、おしゃべりをやめません。先生《せんせい》はまた、アンネに罰《ばつ》の作文《さくぶん》を書《か》かせます。アンネは、うれしそうに作文《さくぶん》を書いてくると、先生《せんせい》に見《み》せました。先生《せんせい》がほめると、またおしゃべりを始《はじ》め――。

「アンネ！　これが最後《さいご》だ。作文《さくぶん》を書《か》いて提出《ていしゅつ》しなさい。題《だい》は『おしゃべりはわざわいのもと』。」

先生《せんせい》にきびしい顔《かお》で命《めい》じられ、アンネは、クラス中《じゅう》に手《て》つだってもらって、こんな歌《うた》を書《か》いて提出《ていしゅつ》しました。

〝くわっくわっくわ！　おしゃべりアヒルの三兄弟《きょうだい》。
パパにだまれと言《い》われても、くわくわ、おしゃべりやめません。
やめろ、うるさい、ぺんぺんぺん。
パパがおしりをたたいても、
くわくわ、いたいよ、えーんえん
それでもおしゃべりやめません。〟

「クラス合作《がっさく》かね。いや君《きみ》には負《ま》けたよ、アンネ。」

大笑《おおわら》いする先生《せんせい》に、

「わたし、文章《ぶんしょう》を書《か》くのが大《だい》すきなんです。こんな罰《ばつ》なら、いつでもいいな！」

アンネが言《い》うと、大《おお》きな拍手《はくしゅ》がわき起《お》こりました。

新《あたら》しい環境《かんきょう》で、アンネの〝脱皮《だっぴ》〟はだいぶ楽《らく》になったようです。

それでも町《まち》は、だんだんナチス一色《いっしょく》になります。

モンテッソーリ・スクールでいっしょだったオランダ人《じん》の子《こ》たちに会《あ》っても、知《し》らん顔《かお》をされることが多《おお》くなりました。なかには、オランダ版《ばん》ヒトラーユーゲント（ナチスの青年隊《せいねんたい》）の記章《きしょう》をほこらしげに胸《むね》につけ、

「ヒトラーはオランダ人《じん》に仕事《しごと》をくれた、いい人《ひと》！」

聞《き》こえよがしにさけんで、通《とお》りすぎる子《こ》もいます。

それでもアンネは気《き》にしませんでした。

仲《なか》のいいユダヤ人《じん》の友《とも》だちは、おおぜい、いるからです。

3人目《にんめ》のなかよし

しかも、ユダヤ人学校《じんがっこう》でアンネは、3人目《にんめ》のなかよしに出会《であ》います。

金髪《きんぱつ》で青《あお》い大《おお》きな目《め》のジャクリーヌ・ファン・マールセンは、ユダヤ系《けい》オランダ人《じん》

の父《ちち》とフランス人《じん》の母《はは》をもつ少女《しょうじょ》。無口《むくち》なのに不思議《ふしぎ》な存在感《そんざいかん》がありました。

(大人《おとな》っぽーい！　この子《こ》と、いっぱい話《はな》してみたい！)

なにごとにも積極的《せっきょくてき》なアンネは、転校初日《てんこうしょにち》の放課後《ほうかご》、ジャクリーヌを追《お》いかけ、

「ねえ！　これから毎日《まいにち》いっしょに帰《かえ》ろ！」

さっさと家《いえ》につれていきます。ふたりはちょっと話《はな》しただけで、すぐ気《き》が合《あ》い、しょっちゅう、おたがいの家《いえ》に泊《と》まりにいくようになりました。アンネがジャクリーヌの家《いえ》に泊《と》まるときは、スーツケースに、ヘアブラシと髪《かみ》をまくカーラー、そして小《こ》花柄《ばながら》の化粧《けしょう》ケープも入《い》れて、いそいそと出《で》かけます。

「ジャクリーヌのおうちは、すぐそこでしょうに。」

母《はは》があきれて言《い》っても、

「お泊《と》まり旅行《りょこう》よ。わたし、旅行《りょこう》にいくの！」

にこにこと言《い》いかえします。ジャクリーヌの部屋《へや》で、パジャマを着《き》て化粧《けしょう》ケープをかけ、髪《かみ》にていねいにブラシをかけ、カーラーでまきながら、男《おとこ》の子《こ》の話《はなし》や、恋《こい》の

話《はなし》、結婚《けっこん》の話《はなし》、ハンネリやサンネならはずかしがって聞《き》きたがらないような、女性《じょせい》の体《からだ》の話《はなし》もしました。

オランダ人《じん》の友《とも》だちとはまったく連絡《れんらく》できなくなりましたが、家族《かぞく》の愛情《あいじょう》につつまれ、おおぜいのユダヤ人《じん》の友《とも》だちと、いい先生《せんせい》たちもいます。

アンネは充実《じゅうじつ》した中学生時代《ちゅうがくせいじだい》を送《おく》っていました。

そんななか、年《とし》が明《あ》けた1月《がつ》29日《にち》に、祖母《そぼ》ローザが亡《な》くなります。

ローザは去年《きょねん》、重《おも》いがんの手術《しゅじゅつ》を受《う》けました。退院《たいいん》した祖母《そぼ》をアンネたちは、家族《かぞく》みんなで看病《かんびょう》しました。マルゴーもアンネも、ときには学校《がっこう》を休《やす》んでつきそったのです。

死《し》のねむりについた祖母《そぼ》の手《て》を、アンネはそっとにぎりました。

(なんてつめたいの！　死《し》ぬってこういうことなのね。)

アンネの大《おお》きな緑色《みどりいろ》の目《め》から、はらはらとなみだがこぼれおちます。

「おばあちゃま——おばあちゃま。」

いくらよんでも、返事《へんじ》はありません。
やさしかった祖母《そぼ》の声《こえ》は、もう二度《にど》と聞《き》けないのです。
ローザはアムステルダム郊外《こうがい》のユダヤ人墓地《じんぼち》にほうむられます。
アンネはマルゴーと手《て》をつないで、ひつぎが埋《う》められるのを見守《みまも》りました。
（ローザおばあちゃまが消《き》えていく……。）
しばらくはショックで、なにもできませんでした。
そのあいだにも、ナチスのユダヤ人弾圧《じんだんあつ》は、どんどんはげしくなっていきました。

黄色《きいろ》の差別《さべつ》ワッペン

1942年《ねん》4月《がつ》。ナチスはオランダにくらすユダヤ人《じん》たちに対《たい》して、外出時《がいしゅつじ》にはかならず黄色《きいろ》い星形《ほしがた》のワッペンをつけるよう強制《きょうせい》します。大《おお》きさは、大人《おとな》のてのひらほど。ふたつの正三角形《せいさんかくけい》を逆向《ぎゃくむ》きに重《かさ》ねあわせ、中央《ちゅうおう》にオランダ語《ご》でユダヤ人《じん》を表《あらわ》す

「Jood《ヨート》」の文字《もじ》が書《か》かれています。

しかもユダヤ人《じん》は役所《やくしょ》に出向《でむ》き、ひとりにつきワッペン4枚《まい》と衣料用《いりょうよう》の切符《きっぷ》を1枚《まい》買《か》わされました。これには、

「ユダヤ人《じん》をばかにするのも、ほどがあるぞ！」

「ナチスは、差別《さべつ》ワッペンを有料《ゆうりょう》で買《か》わせるのか！」

おとなしいオランダ人《じん》たちも激怒《げきど》し、ひそかな抵抗活動《ていこうかつどう》が一気《いっき》に広《ひろ》がりました。

けれどもアンネたち、ユダヤ人《じん》の子《こ》どもはそんな事情《じじょう》をいっさい、知《し》りませんでした。オランダ人《じん》と話《はな》す機会《きかい》はなく、親《おや》たちは子《こ》どもを気《き》づかって、くわしい話《はなし》を聞《き》かせたがらなかったからです。

「外出《がいしゅつ》のときは、ぜったいわすれないでね。」

母《はは》が、上着《うわぎ》に黄色《きいろ》いワッペンを縫《ぬ》いつけながら言《い》うと、

「いやな色《いろ》！　どうせだったら、きれいな黄色《きいろ》がいいのにねっ！」

アンネは不満《ふまん》げに言《い》っただけでした。

「ドイツ軍《ぐん》は不意《ふい》打《う》ち検査《けんさ》がすきだ。もし町《まち》でとつぜんよびとめられて、星《ほし》をつけていないユダヤ人《じん》だとわかったら、たいへんなことになるからね。」

父《ちち》にも、めずらしいほどしつこく言《い》われ、しぶしぶうなずきました。

そのころ大人《おとな》たちは、ナチスがユダヤ人《じん》の強制収容所《きょうせいしゅうようじょ》をつくっているといううわさを耳《みみ》にしていました。それがどんなところであれ、連行《れんこう》されたらまず、生《い》きては帰《かえ》ってこられないということも。

13歳《さい》の誕生日《たんじょうび》

ユダヤ人《じん》の子《こ》どもたちが黄色《きいろ》の星形《ほしがた》ワッペンをつけて通学《つうがく》するようになってから約《やく》1か月半《げつはん》。6月《がつ》12日《にち》は、アンネの13歳《さい》の誕生日《たんじょうび》です。

「さて、アンネ、今年《ことし》の誕生日《たんじょうび》プレゼントは、なにがいいかな?」

誕生日《たんじょうび》の前日《ぜんじつ》、父《ちち》オットーが、さりげなく聞《き》きました。

「じゃあねえ、パパ。いまから、いっしょに来《き》て！」

アンネは父《ちち》を近《ちか》くの、ユダヤ人《じん》でも入《はい》れる書店兼文房具店《しょてんけんぶんぼうぐてん》に引《ひ》っぱっていくと、1冊《さつ》の日記帳《にっきちょう》をそっと指《ゆび》さしました。布《ぬの》の表紙《ひょうし》は、赤《あか》とオレンジのチェック柄《がら》のかわいい日記帳《にっきちょう》。小《ちい》さな留《と》め金《がね》もついています。

翌日《よくじつ》、アンネはわくわくしながら目《め》をさましました。

本《ほん》、ジュース、ケーキ——ダイニングテーブルの上《うえ》のプレゼントの山《やま》のいちばん上《うえ》に、

（あった、あった！　やっぱり、あったわ！）

昨日《きのう》、パパと見《み》にいった日記帳《にっきちょう》が、ちゃんと、のっています。

「おめでとう！　アンネ。13歳《さい》おめでとう！」

家《いえ》でも学校《がっこう》でも、祝福《しゅくふく》されっぱなしの、すてきな一日《いちにち》が終《お》わると、アンネは、かわいい日記帳《にっきちょう》を宝物《たからもの》のようにだいて、部屋《へや》にもどりました。

書《か》くことが大《だい》すきなアンネは、まえから日記《にっき》をつけてみたいと思《おも》っていたのです。（この日記帳《にっきちょう》なら、秘密《ひみつ》の日記《にっき》にぴったり！　でも、どんな日記《にっき》にしようかな？）アンネは考《かんが》えたすえ、空想《くうそう》の友《とも》だちに手紙《てがみ》を書《か》くように日記《にっき》をつけることにしました。

そして、亡《な》くなったローザおばあちゃんからもらった万年筆《まんねんひつ》をとりあげ、日記《にっき》への最初《さいしょ》のあいさつを書《か》きました。

あなたになら、これまでだれにも打《う》ち明《あ》けられなかったことを、なにもかもお話《はな》しできそうです。どうかわたしのために、大《おお》きな心《こころ》の支《ささ》えと慰《なぐさ》めになってくださいね。

（1942年《ねん》6月《がつ》12日《にち》）

（深町眞理子《ふかまちまりこ》訳《やく》『アンネの日記《にっき》・増補新訂版《ぞうほしんていばん》』より。日記引用部以下《にっきいんようぶいか》すべて同《どう》）

これがのちに世界的《せかいてき》に有名《ゆうめい》になった『アンネの日記《にっき》』の最初《さいしょ》の部分《ぶぶん》です。

13歳《さい》のアンネには、ハンネリとサンネとジャクリーヌ（愛称《あいしょう》ジャック）というなかよしがいました。

でも、当時《とうじ》のアンネの心《こころ》の中《なか》では、3人《にん》とも〝親友未満《しんゆうみまん》〟だったのです。だから、なんでも打《う》ちあけられるほんとうの親友《しんゆう》になって、とアンネは日記《にっき》にたのみました。

「紙《かみ》は人間《にんげん》よりしんぼう強《づよ》い」って言《い》うでしょ、と。

まあそうですね。アンネはしんぼう強《づよ》い日記《にっき》に、クラスの友《とも》だちのことや、日曜日《にちようび》に家《いえ》で開《ひら》いてもらった誕生日《たんじょうび》パーティーのことを、こまごまと報告《ほうこく》。文通相手《ぶんつうあいて》にするような自己紹介《じこしょうかい》を書《か》きました。そして、ふと気《き》づいたのです。

親友《しんゆう》なら、名前《なまえ》がなくちゃねと。でも、名前《なまえ》は？

（そう、名前《なまえ》は――ええと、キティー！）

いつものように、さっさと決《き》めると、6月20日《がつはつか》から、かならず、〝親愛《しんあい》なるキティーへ〟という書《か》き出《だ》しで、日記《にっき》に話《はな》しかけることにしました。

アンネは、大事《だいじ》なキティーを学校《がっこう》にもつれていきます。けれどもだれかが、「それなに？」とよってくると、表紙《ひょうし》にさっと手《て》をおき「見《み》ないで！」とかくしました。ふだんは陽気《ようき》なアンネのこのはげしさに、みんなはおどろきあきれ、それ以上《いじょう》なにも聞《き》かなくなりました。

1942年《ねん》6月末《がつまつ》。アムステルダムのドイツ軍《ぐん》から、ユダヤ人《じん》の夜間外出禁止令《やかんがいしゅつきんしれい》が出《で》ます。さらに、ドイツ軍《ぐん》はユダヤ人《じん》から自転車《じてんしゃ》をとりあげ、市電《しでん》に乗《の》ることも禁《きん》じました。これでユダヤ人《じん》は、たとえ職《しょく》があっても、通勤《つうきん》にたいへんな苦労《くろう》を強《し》いられることになりました。アンネは焼《や》けつくような暑《あつ》さのなか、ハンネリと毎日《まいにち》、長時間《ちょうじかん》歩《ある》いて、通学《つうがく》することになりました。やせて、あまり体力《たいりょく》がないアンネは、くたくたに歩《ある》きつかれて家《いえ》に帰《かえ》ってきます。けれども夜《よる》、日記《にっき》を書《か》きだすと、つかれと不安《ふあん》がみるみる消《き》えていくのがわかるのです。

しかも、連合軍《れんごうぐん》はシュトゥットガルト、ケルン、エッセンと、つぎつぎにドイツの都市《とし》を壊滅《かいめつ》させます。ラジオも、枢軸国軍《すうじくこくぐん》が追《お》いつめられていくことをつたえていました。

「だいじょうぶ、もうすぐアメリカが助《たす》けにくる。そうすれば戦争《せんそう》も終《お》わりさ。」

父《ちち》は毎晩《まいばん》のように、アンネたち家族《かぞく》に言《い》いました。そのいっぽうで、家族《かぞく》のために、いざというときの隠《かく》れ家《が》の準備《じゅんび》をひそかに進《すす》めていたのです。そんな準備《じゅんび》がむだになることを、心《こころ》から祈《いの》りながら。

6月末《がつまつ》に期末試験《きまつしけん》が終《お》わり、7月3日《がつみっか》に通知表《つうちひょう》が配《くば》られました。

(ほかはいいけど、算数《さんすう》の成績《せいせき》がねえ。ま、いいや。9月《がつ》からがんばろう!)

アンネは自分《じぶん》に言《い》いきかせます。

けれども、アンネが9月《がつ》に学校《がっこう》にもどることはありませんでした。

次《つぎ》の週《しゅう》から、一家《いっか》の生活《せいかつ》が激変《げきへん》したからです。

3 隠《かく》れ家《が》へ

どしゃぶりの雨《あめ》の中《なか》

アンネがなぜ、学校《がっこう》へ行《い》けなくなったのか？

それは1942年《ねん》7月5日《がついつか》、マルゴー・フランク宛《あ》てにとどいた、ナチスの呼《よ》び出《だ》し状《じょう》に始《はじ》まります。ナチスは16歳《さい》になったマルゴーに、ドイツの強制労働《きょうせいろうどう》キャンプに行《い》くようもとめてきたのです。

呼《よ》び出《だ》し状《じょう》を見《み》たマルゴーは、がたがたふるえて泣《な》きだしました。

（ナチスは、まだ16歳《さい》の女《おんな》の子《こ》を平気《へいき》でつれていくわけ？　なにをさせに？）

アンネの目《め》から、怒《いか》りのなみだがあふれだします。すると母《はは》が、

「マルゴーは、行《い》かせません！　ぜったいに。」

きっぱり言《い》い、ファン・ペルスさんの家《いえ》にとんでいきました。

ファン・ペルスさんは、いまはヒース商会《しょうかい》と名《な》をかえた父《ちち》のスパイスの会社《かいしゃ》ペクタコン商会《しょうかい》の共同経営者《きょうどうけいえいしゃ》ですが――。

「なんで、こんなときに、ファン・ペルスさんちに？」

目《め》を丸《まる》くするアンネに、

「――隠《かく》れ家《が》へうつる相談《そうだん》よ。」

マルゴーが、まだふるえながら説明《せつめい》しました。

「あのね、アンネ。ずっとまえからパパとママは、万一《まんいち》の場合《ばあい》を考《かんが》えて、隠《かく》れ家《が》を準備《じゅんび》していたの。ファン・ペルスさんの一家《いっか》と共同《きょうどう》の。わたし、内緒《ないしょ》で聞《き》いちゃったのよ。」

アンネはまたもや、びっくりしました。

(隠《かく》れ家《が》？　わたしたち、かくれるの？)

夕方《ゆうがた》、父《ちち》が歩《ある》いて帰《かえ》ってくると、同《おな》じ会社《かいしゃ》のクレイマンさんに電話《でんわ》。

あわただしく夕食《ゆうしょく》をすませ、ミープさんがそっと来《き》て、一家《いっか》の服《ふく》やくつを手早《てばや》くバッグにつめこみ、いったん帰宅《きたく》。深夜近《しんやちか》くに夫《おっと》のヤンさんと来《き》て、また衣類《いるい》を運《はこ》んでいきました。

とつぜんのさわぎに、アンネはただ立《た》ちすくみ、大人《おとな》たちの動《うご》きを見《み》ているだけです。

「ともかくねよう。明日《あす》は5時半起床《じはんきしょう》。すべてはそれからだ。」

父《ちち》にやさしく言《い》われ。アンネは自分《じぶん》の部屋《へや》にもどりました。

「モールチェ、モールチェ。」

そっとよびましたが、ねこは出《で》かけているようです。

翌朝《よくあさ》5時半《じはん》。アンネは母《はは》にゆりおこされました。

「さあ、いちばん大事《だいじ》なものをまとめなさい。ただし、通学《つうがく》かばんに入《はい》るだけよ。」

すでに国外移住《こくがいいじゅう》を禁止《きんし》されているユダヤ人《じん》が、スーツケースなどを持《も》って歩《ある》くのは、危険《きけん》なのです。

アンネは部屋《へや》を見《み》わたしました。まずは日記帳《にっきちょう》。ローザおばあちゃんからの万年《まんねん》筆《ひつ》。教科書《きょうかしょ》、それから……。

写真《しゃしん》や切《き》りぬきの入《はい》った箱《はこ》をとりあげようとしたアンネを見《み》ると、

「それはむりね。入《はい》らないでしょ。」

母《はは》はかたい表情《ひょうじょう》で、首《くび》を横《よこ》にふりました。

「じゃあ、モールチェは？　モールチェはどうするの⁉」

アンネは、ニャアニャア鳴《な》くねこをだきあげ、母《はは》に食《く》ってかかります。

「アンネ……わかって。」

母《はは》はアンネとねこの両方《りょうほう》をだきしめました。

朝食《ちょうしょく》がすむと、ミープさんがやってきました。

「じゃあ、マルゴー。自転車《じてんしゃ》で行《い》きましょう。」

マルゴーはうなずき、黄色《きいろ》のワッペンを外《はず》して、ミープさんと出《で》ていきました。

先日《せんじつ》、ナチスの命令《めいれい》で、ユダヤ人《じん》は持《も》っている自転車《じてんしゃ》をすべてさしださなければなりませんでした。ところがフランク家《け》では父《ちち》の指示《しじ》で、マルゴーの自転車《じてんしゃ》を物置《ものおき》にかくしておいたのです。アンネが去年《きょねん》、母《はは》から贈《おく》られた自転車《じてんしゃ》はだれかにぬすまれて、もうありません。

「アンネは、もうすこしあとから、パパとママと歩《ある》いていこう。」

父《ちち》はそう言《い》うと、便《びん》せんを持《も》ってきて、一室《いっしつ》を貸《か》している男《おとこ》の人《ひと》にメモを書《か》きました。この家《いえ》は借家《しゃくや》ですが、ひと部屋《へや》は別《べつ》の人《ひと》に貸《か》して家計《かけい》の足《た》しにしていたのです。

〝ホールトシュミットさん。急《きゅう》ですが、ここを出《で》ていきます。ねこはおいていきます。飼《か》い主《ぬし》を見《み》つけてやってください。名前《なまえ》はモールチェです。よろしくおねがいします。フランク家《け》〟

そして、ありもしないスイスの住所《じゅうしょ》を書《か》いた紙《かみ》を、わざと近《ちか》くにおきました。

「では、行《い》こう。食卓《しょくたく》はそのままに。あわててにげた感《かん》じが出《だ》せるように。」

こうしてアンネと両親《りょうしん》は、ねこのために肉《にく》をたっぷりおくと、3人《にん》で家《いえ》を出《で》ました。

いったい、どこまで行《い》くのでしょう?

「ねえパパ、隠《かく》れ家《が》ってどこ?」

アンネが聞《き》いても父《ちち》は教《おし》えてくれません。関係《かんけい》する人《ひと》びとの安全《あんぜん》を考《かんが》え、

「行《い》けばわかる、家族《かぞく》で安心《あんしん》してくらせるところだ、安心《あんしん》おし。」

と言《い》うだけです。

夏《なつ》なのに3人《にん》とも〝北極探検《ほっきょくたんけん》にでも出《で》かけるみたいに(1942年《ねん》7月8日《がつようか》)〟着《き》ぶくれているのですが、幸《さいわ》い、外《そと》は大雨《おおあめ》。レインコートと雨《あめ》しぶきがごまかしてくれました。

アンネは両親《りょうしん》と道路《どうろ》をゆっくり、ゆっくり歩《ある》きつづけます。もし走《はし》れば、町角《まちかど》のゲシュタポが目《め》をつけ、すぐに追《お》いかけてくるからです。時折《ときおり》、オランダ人《じん》たちが車《くるま》の

中《なか》から、乗《の》せてあげられなくて悪《わる》いね、と言《い》いたげな目《め》を向《む》けるのをさけ、3人《にん》で大《おお》通《どお》りからすぐ裏通《うらどお》りへ。いくつもの橋《はし》をわたって、歩《ある》きつづけました。

(いったい、どこへ行《い》くの?)

ふだんならさっさと聞《き》くのですが、今日《きょう》ばかりは、緊張《きんちょう》して声《こえ》を出《だ》せません。1時《じ》間《かん》ほど歩《ある》いたすえに、最後《さいご》の裏通《うらどお》りをぬけると、

「さあ、着《つ》いた。」

父《ちち》の声《こえ》に、アンネは目《め》を丸《まる》くしました。

「でも、あそこ——。」

「そう、パパの会社《かいしゃ》のビルだ。」

プリンセン運河通《うんがどお》り263番地《ばんち》にある父《ちち》の会社《かいしゃ》には、これまでもよく遊《あそ》びにきていました。けれども今日《きょう》の道《みち》は、アンネがいつもは通《とお》ったこともないような道《みち》ばかりだったのです。

「さあ入《はい》って。」

父《ちち》はささやくと、母《はは》とアンネを先《さき》に立《た》てて中《なか》に入《はい》り、階段《かいだん》をのぼりだしました。

雨《あめ》は、いつのまにかあがっていました。

父《ちち》にうながされるまま、アンネと母《はは》が2階《かい》の長《なが》い廊下《ろうか》をすばやく通《とお》り、踊《おど》り場《ば》の階《かい》段《だん》をあがると、目《め》の前《まえ》に灰色《はいいろ》の小《ちい》さな木《き》のドアがあらわれました。

「ご婦人方《ふじんがた》、隠《かく》れ家《が》へようこそ。」

父《ちち》はにっこりわらってドアを開《あ》けました。

アンネは思《おも》わず目《め》をみはりました。

(こんなところに、こんな場所《ばしょ》があったなんて!)

「隠《かく》れ家《が》」とはなんと、父《ちち》の会社《かいしゃ》のま後《うし》ろにある〝別棟《べつむね》〟だったのです。

会社《かいしゃ》がある本棟《ほんとう》とは3階《がい》でつながり、表《おもて》の道路《どうろ》からはまったく見《み》えません。

当時《とうじ》のアムステルダムにはよくある建築《けんちく》の形《かたち》でしたが、アンネはそれまで、まったく知《し》りませんでした。

目《め》の前《まえ》には急《きゅう》な階段《かいだん》があります。その右手《みぎて》に洗面台《せんめんだい》とトイレのある大《おお》きめのスペース、左手《ひだりて》には短《みじか》い通路《つうろ》があり、ドアにつづいています。
合図《あいず》のノックを聞《き》いたミープさんとマルゴーが、短《みじか》い通路《つうろ》の先《さき》のドアからとびだしてきました。

一家《いっか》とミープさんはかたくだきしめあいました。

隠《かく》れ家《が》の内部《ないぶ》

「では、これから、隠《かく》れ家《が》探検《たんけん》をしようか。参加《さんか》する人《ひと》は？」

3階《がい》の段《だん》ボール箱《ばこ》だらけの部屋《へや》で、ミープさんがいれてくれたお茶《ちゃ》をみんなで飲《の》むと、父《ちち》が聞《き》きました。

「はい！　参加《さんか》！」

アンネは元気《げんき》に答《こた》えます。

マルゴーと母《はは》は首《くび》を横《よこ》にふりました。ふたりともショックで、探検《たんけん》どころではなかったのです。しかも、マルゴーはせきこんでいます。ふたりとも夕方《ゆうがた》まで休《やす》むと言《い》って、すぐとなりの小部屋《こべや》へ入《はい》っていきました。

父《ちち》もアンネもつかれていましたが、それ以上《いじょう》に興奮《こうふん》しています。なにかしていないと、変《へん》になりそうな気分《きぶん》でした。

「さて、ここは3階《がい》。うちの住《す》まいだ。この部屋《へや》が、ママとわたしの部屋《へや》。そのとなりの――いま、ママとマルゴーが入《はい》っていったところが、おまえとマルゴーの部屋《へや》だ。その部屋《へや》からも、洗面所兼《せんめんじょけん》トイレのスペースに行《い》ける。さて、階段《かいだん》をあがるよ。」

父《ちち》はアンネを4階《かい》へつれていき、

「この階《かい》はファン・ペルスさん一家《いっか》の寝室《しんしつ》と住《す》まいになる。ただし昼間《ひるま》や夕食《ゆうしょく》の時間《じかん》はキッチンとみんなのリビングルームとして使《つか》うことになっているんだよ。」

と説明《せつめい》し、ファン・ペルス一家《いっか》は1週間後《しゅうかんご》にうつってくると言《い》いました。

じつはアンネたち一家《いっか》も、同《おな》じころに移動《いどう》するつもりでいたのですが、マルゴーに呼《よ》び出《だ》し状《じょう》が来《き》たので、両親《りょうしん》が急《きゅう》に予定《よてい》を早《はや》めて今日《きょう》にしたのです。

アンネ・フランクたちの隠《かく》れ家《が》

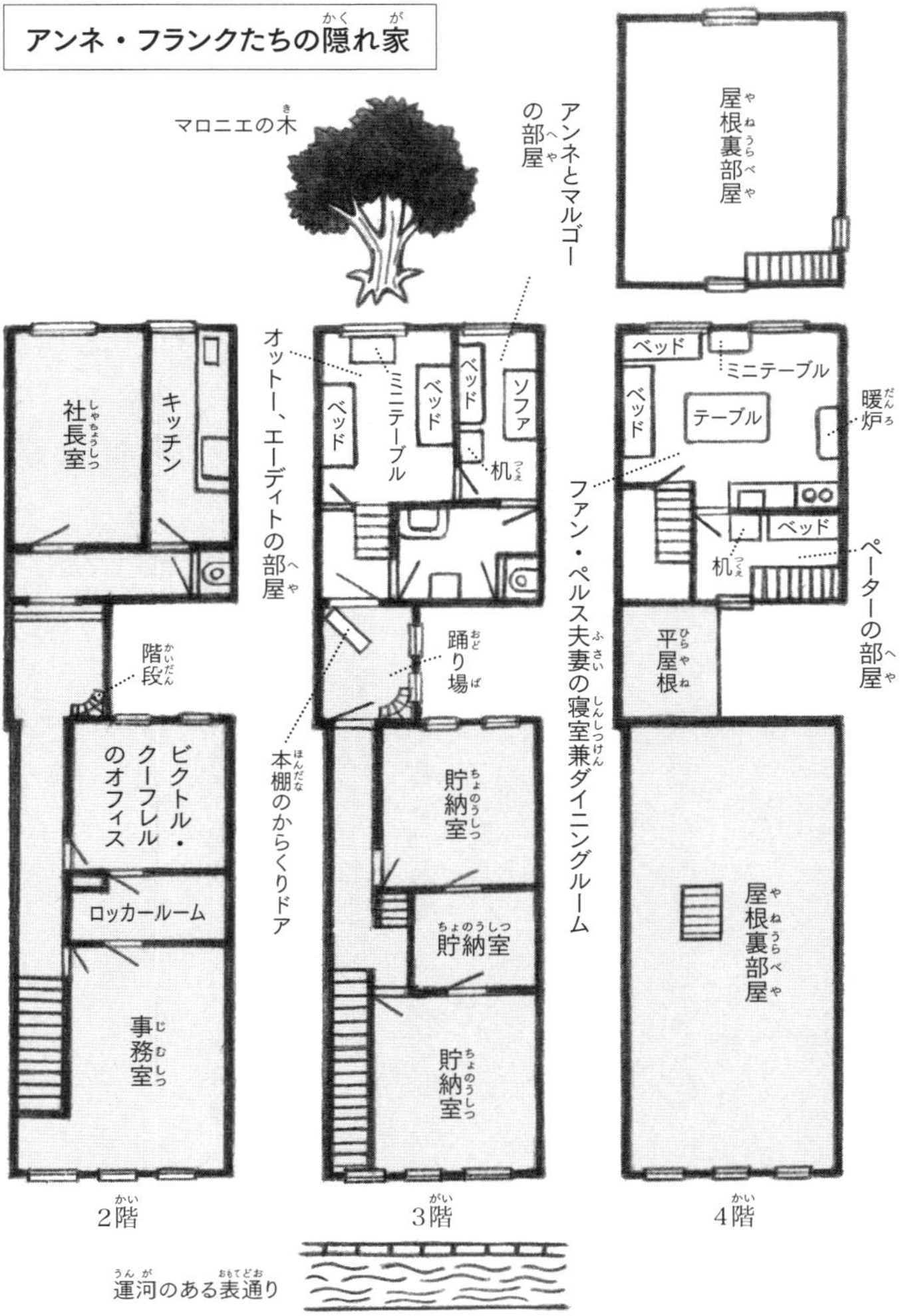

3階《がい》も4階《かい》も、段《だん》ボール箱《ばこ》だらけ。机《つくえ》やいすが、あちこちを向《む》いています。

「あの段《だん》ボール箱《ばこ》、なにが入《はい》っているの？」

アンネは聞《き》きました。父《ちち》は立《た》ちどまると、アンネを見《み》つめました。

「ママとパパとファン・ペルスさん夫妻《ふさい》は去年《きょねん》の夏《なつ》、相談《そうだん》してね。戦争《せんそう》はもうすぐ終《お》わるだろうが、ナチスのユダヤ人狩《じんが》りははげしくなる一方《いっぽう》だ。用心《ようじん》のために、ここに共同《きょうどう》の隠《かく》れ家《が》を準備《じゅんび》しようと決《き》めた。あの箱《はこ》には、ミープさんたちに手《て》つだってもらって運《はこ》びこんだ、食器《しょっき》やシーツが入《はい》っている。ちょっと開《あ》けてみるかい？」

アンネがひとつの箱《はこ》を開《あ》けると、

「あら！　これ、まえから見《み》なくなったなあと思《おも》っていたお皿《さら》のセット！　ナイフもフォークもスプーンもあるわよ！」

「そして、屋根裏《やねうら》にはじゃがいもだの豆《まめ》だのが、どっさりおいてある。」

アンネは、びっくりしました。

「でも、パパ、ミープさんのほかに、いったいだれが手《て》つだってくれたの？」

「パパの会社《かいしゃ》の人《ひと》たち、4人《にん》だ。」

アンネはびっくりしました。ミープさんが味方《みかた》だということは、わかります。夫《おっと》のヤンさんも。でも会社《かいしゃ》の人《ひと》たちがそんな危険《きけん》なことを進《すす》んでやってくれるなんて。

では次《つぎ》に、隠《かく》れ家《が》のアンネたちをささえてくれた人《ひと》びとを紹介《しょうかい》しましょう。

支援者《しえんしゃ》たち

ドイツの銀行家《ぎんこうか》だったオットー・フランクは、オランダのアムステルダムに移住《いじゅう》し、オペクタ商会《しょうかい》とペクタコン商会《しょうかい》（のちにヒース商会《しょうかい》と改称《かいしょう》）というふたつの食品会《しょくひんがい》社《しゃ》を経営《けいえい》するようになりました。商売《しょうばい》がうまく、明《あか》るく親切《しんせつ》で公平《こうへい》なオットーは、オランダ人《じん》の社員《しゃいん》たちから尊敬《そんけい》され、深《ふか》く信頼《しんらい》されていました。社員同士《しゃいんどうし》も、たいへん仲《なか》がよい会社《かいしゃ》でした。秘書《ひしょ》のミープさんは会社設立当時《かいしゃせつりつとうじ》からの社員《しゃいん》で、アンネ一家《いっか》とは家族《かぞく》のように親《した》しくつきあっています。

オットーは、約《やく》3か月《げつ》まえの4月《がつ》、会社《かいしゃ》のビルに隠《かく》れ家《が》をつくることを、ミープさんに相談《そうだん》しました。

「じつは、うちの一家《いっか》とファン・ペルスさんの一家《いっか》で、会社《かいしゃ》のビルにかくれすみたいと思《おも》う。だが、これは、あなた方《がた》の支援《しえん》と協力《きょうりょく》なしでは、ぜったいむりだ。よく考《かんが》えて、手《て》つだってもらえるかどうか――返事《へんじ》をもらえないかな。」

ミープさんは即座《そくざ》に、

「もちろん、ご協力《きょうりょく》します。安心《あんしん》してください。」

と答《こた》えました。

「でも、ミープ、ユダヤ人《じん》を助《たす》けたことがわかったら、ただではすまないんだよ。」

そのとおり、通《とお》りで転《ころ》んだユダヤ人《じん》を助《たす》けおこしても、ゲシュタポがとんでくるのです。おおぜいのユダヤ人《じん》をかくまっていることがわかったら連行《れんこう》され、逮捕《たいほ》され、投獄《とうごく》され――強制収容所《きょうせいしゅうようじょ》に入《い》れられるのは、ほぼ確実《かくじつ》です。しかし、

「わかっていますわ。まかせてください。」

ミープさんは、きっぱり言《い》いました。

オットーは、クレイマンさんだけはすでに知《し》っていることを、ミープさんにつたえました。そして、社員《しゃいん》のなかから、さらに数名《すうめい》の支援者《しえんしゃ》を集《あつ》めました。取締役《とりしまりやく》のビクトル・クーフレルさん、会社《かいしゃ》でいちばんわかい女性社員《じょせいしゃいん》のベップ・フォスキュイルさんと、倉庫係《そうこがかり》としてはたらいているお父《とう》さん——みんなユダヤ人《じん》ではありません。

ミープさんは、支援者《しえんしゃ》たちのまとめ役《やく》になりました。

ミープさんの夫《おっと》ヤンさんも、たのもしい支援者《しえんしゃ》のひとりです。ヤンさんは市役所《しやくしょ》の社会福祉局《しゃかいふくしきょく》につとめていたので、食料《しょくりょう》や衣料《いりょう》の配給切符《はいきゅうきっぷ》など、書類関係《しょるいかんけい》の便宜《べんぎ》をはかってくれました。図書館《としょかん》でアンネたちの本《ほん》をかりてきてくれたのも、ヤンさんでした。

オットーは、約《やく》1年《ねん》かけて、食器《しょっき》や保存《ほぞん》がきく食料《しょくりょう》をすこしずつ隠《かく》れ家《が》に運《はこ》んで貯《ちょ》蔵《ぞう》していました。みんなも手《て》つだってくれて、ベッドやいすや机《つくえ》は、クレイマンさんやクーフレルさんの家《いえ》にあったのを修理《しゅうり》に出《だ》すという名目《めいもく》で運《はこ》びだしました。当時《とうじ》、ユダヤ人《じん》が家具《かぐ》を移動《いどう》するのはナチスに禁《きん》じられていたからです。

ユダヤ人《じん》とかかわることにはなんであれ、危険《きけん》がともないました。ドイツとはちがって、オランダではナチスのあまりにも陰険《いんけん》なユダヤ人迫害《じんはくがい》にいきどおる人《ひと》が多《おお》く、ひそかにユダヤ人《じん》に手《て》を貸《か》そうとする人《ひと》たちもおおぜいいました。ナチスに抵抗《ていこう》する地下組織《ちかそしき》も結成《けっせい》されていたのです。たとえばミープさんの夫《おっと》ヤンさんもそのメンバーのひとりでした。それでも、かくまうとなれば話《はなし》は別《べつ》です。しかもアンネたち10代《だい》の子《こ》3人《にん》をふくむ、2家族《ふたかぞく》7人《にん》の命《いのち》をあずかるのです。

不況《ふきょう》で失業者《しつぎょうしゃ》が町《まち》にあふれているなか、わずかばかりの報奨《ほうしょう》で、ユダヤ人狩《じんが》りに協力《きょうりょく》する者《もの》はおどろくほど多《おお》いのです。どこに密告者《みっこくしゃ》がいるかわかりませんでした。

人《ひと》の命《いのち》をあずかるとは、じつに責任《せきにん》が重《おも》い役目《やくめ》です。ミープさんたちは7人《にん》もの命《いのち》を守《まも》るという役目《やくめ》を進《すす》んで引《ひ》きうけてくれたのでした。

「そういえば、ミープさんは？」

アンネが聞《き》くと、

「さっき会社《かいしゃ》にもどった。あまり席《せき》をはなれているのは、事情《じじょう》を知《し》らない社員《しゃいん》たちにうたがわれるもとだからね。」

と父《ちち》は答《こた》え、

「不思議《ふしぎ》な気分《きぶん》だよ。世間《せけん》から姿《すがた》を消《け》して、自分《じぶん》の会社《かいしゃ》のビルでかくれてくらすというのはね。」

ふと、さびしそうにほほえみました。そして、

「では最後《さいご》は、屋根裏部屋《やねうらべや》だ。」

小《ちい》さな木《き》の階段《かいだん》を指《ゆび》さしました。

西教会《にしきょうかい》の鐘《かね》

「うわあ！　広《ひろ》いのね。」

階段《かいだん》をのぼりきると、アンネは思《おも》わず声《こえ》をあげました。

「しいい！　アンネ、大声《おおごえ》はだめだ。窓《まど》に近《ちか》づきすぎるのもだめ。」

すかさず父《ちち》がささやきました。

とたんに、ゴーンゴーン！　――耳《みみ》がつぶれるような鐘《かね》の音《ね》があたりにひびきわたります。

「西教会《にしきょうかい》の鐘《かね》だよ。すぐ近《ちか》くだ。ほら窓《まど》を見《み》てごらん。」

ささやかれるままに見上《みあ》げると、

「ほんとだ！　あれ、尖塔《せんとう》ね。」

アンネは目《め》をかがやかせて、ささやきかえしました。

階段《かいだん》をあがったところにあるその窓《まど》は、すこし開《ひら》いていました。うす暗《ぐら》い空間《くうかん》には、金色《きんいろ》の午後《ごご》の光《ひかり》を受《う》けたほこりが舞《ま》い、北側《きたがわ》の閉《し》まった大《おお》きなガラス窓《まど》の向《む》こうには、マロニエの大木《たいぼく》が緑《みどり》の葉《は》をしげらせています。

(いい景色《けしき》！　そして、いい空気《くうき》！　外《そと》の空気《くうき》が流《なが》れてくる。)

この隠《かく》れ家《が》で、いつでも外《そと》とつながれるのは、窓《まど》が開《ひら》いていても外《そと》から気《き》づかれにくいここだけなのです。

「あれは11時《じ》の鐘《かね》だ。夜《よる》になればだれか来《き》てくれる。それまで、パパはちょっとかたづけをしたいんだが——手《て》つだってくれるかね？」

「もちろんよ！　パパ。」

ふたりは足音《あしおと》をしのばせ、急《いそ》いで3階《がい》までおりました。

それからふたりで散《ち》らかっている段《だん》ボール箱《ばこ》をつぎつぎに開《あ》け、中身《なかみ》を整理《せいり》します。食料品《しょくりょうひん》はかためて柱《はしら》のそばに。食器《しょっき》は食器棚《しょっきだな》へ、本《ほん》は本箱《ほんばこ》へ。途中《とちゅう》で、ビスケットの缶《かん》を開《あ》け、昼食《ちゅうしょく》がわりにしました。裁縫箱《さいほうばこ》を見《み》つけて、父《ちち》とふたりでシーツを縫《ぬ》いあわせ、カーテンらしきものをつくります。できあがったカーテンは画《が》びょうで壁《かべ》にとめつけることにしました。

「ねえ、パパ、次《つぎ》は？」

縫《ぬ》い物《もの》から目《め》をあげたアンネは、思《おも》わず目《め》をしばたたかせました。

父《ちち》が、にこにことあの箱《はこ》をさしだしたのです。大事《だいじ》な写真《しゃしん》や切《き》りぬきのつまった箱《はこ》。母《はは》には持《も》ってはいけないと言《い》われた、あの箱《はこ》を。

「ああ、パパ、大《だい》すき！　いつ、どうやって、持《も》ってきてくれたの？」

父《ちち》はウィンクすると、そばのかばんを指《ゆび》さし、アンネをぎゅっとだきしめました。

隠《かく》れ家《が》生活《せいかつ》のルール

やがて日《ひ》がくれ、母《はは》とマルゴーがふらふら起《お》きてくると、父《ちち》はこう言《い》いました。

「マルゴーもアンネも聞《き》いておくれ。とつぜんのことで、びっくりしただろう。だがしばらくのあいだ、ここに身《み》をひそめて、ナチスをやりすごそう。」

「しばらくのあいだって――どのくらい？」

アンネがつい聞《き》くと、

「だまっていなさい、アンネ。」

さっそく母《はは》にたしなめられました。けれども父《ちち》は、

「〝しばらくのあいだ〟とは、戦争《せんそう》が終《お》わるまで、ってことだよ。」

アンネとマルゴーを見《み》つめると、つづけました。

「いままで、おまえたち子《こ》どもにはわかりづらい話《はなし》だと、ふれずにきたが、いい機会《きかい》だ。ここで戦争《せんそう》のことを説明《せつめい》しておこう。いまは1942年《ねん》7月《がつ》。この戦争《せんそう》はそもそも、1939年《ねん》にドイツがポーランドに侵攻《しんこう》して、イギリス、フランスと戦《たたか》いになったことがきっかけだ。いまは、オーストリアやチェコスロバキアもドイツのものになってしまった。」

「そして1940年《ねん》には、このオランダが、ドイツに占領《せんりょう》されたのね。」

マルゴーがつぶやくと、アンネがつづけます。

「アーヘンのママのおうちの会社《かいしゃ》はナチスにとりあげられて、亡《な》くなったローザおばあちゃまはここににげてきて、ユリウスおじさんとヴァルターおじさんは、ナチスに身《み》ぐるみはがされて、アメリカににげた。」

「アリスおばあちゃまもスイスへにげたわ。わたしたちユダヤ人《じん》の子《こ》は、ユダヤ人《じん》だけの学校《がっこう》に転校《てんこう》させられたの――ナチスに。」

「そして、マルゴーに召集令状《しょうしゅうれいじょう》が来《き》て――。」

「けっきょくわたしたちは、ここにかくれることになったのね。」

マルゴーが言《い》うと、父《ちち》は、

「たぶん1年《ねん》もしないうちに、連合軍《れんごうぐん》は勝利《しょうり》をおさめ、戦争《せんそう》は終《お》わるだろう。その日《ひ》まで、この隠《かく》れ家《が》でなるべく快適《かいてき》にくらそう。そのために、いくつかルールを決《き》めておこうと思《おも》う。」

家族《かぞく》3人《にん》を見《み》わたすと、つづけました。

「規則正《きそくただ》しい生活《せいかつ》。これが最初《さいしょ》のルールだ。7時《じ》までに起床《きしょう》。会社《かいしゃ》は朝《あさ》9時《じ》から夜《よる》5時《じ》までだが、そのあいだはけっして大《おお》きな音《おと》は立《た》てないこと。この3階《がい》と4階《かい》は社長《しゃちょう》室《しつ》の上《うえ》の空室《くうしつ》で、だれも住《す》んでいない、ということになっているんだからね。悪《わる》いが、9時前《じまえ》から会社《かいしゃ》の昼休《ひるやす》みをのぞいて5時《じ》まではトイレの水《みず》を流《なが》すのもだめだ。」

(トイレの水《みず》を流《なが》しちゃだめ⁉)

アンネはぞっとしましたが、だまってうなずきました。

「ただし、夜《よる》になればかなり楽《らく》だと思《おも》うよ。灯火管制《とうかかんせい》で外《そと》は暗《くら》いし、今日《きょう》もミープさんがたずねてくれることになっている。昼間《ひるま》は支援者《しえんしゃ》のだれかがかならずよってくれる。そのときになにかたのみごとがあればおねがいできるからね。たとえば本《ほん》をかりてきてとか、服《ふく》や靴《くつ》も、必要《ひつよう》になったら言《い》いなさい。ママから、買《か》ってきてくれるように、おねがいするから。」

そして、

「マルゴーもアンネも毎日《まいにち》かならず、時間《じかん》を決《き》めて勉強《べんきょう》しなさい。なにより楽《たの》しくらそう。」

と、言葉《ことば》をむすびました。


みんなでビスケットと缶詰《かんづめ》のくだものを食《た》べて、その日《ひ》の夕食《ゆうしょく》はおしまい。

日《ひ》がとっぷりくれたころ、ミープさんがたずねてきました。

「みなさん、おつかれさまです。おうちを見《み》てきましたわ。」

「モールチェ、いた？」

アンネがまっ先《さき》に聞《き》きました。ミープさんは、気《き》のどくそうに首《くび》を横《よこ》にふりました。

「いなかったのよ……。明日《あす》、また見《み》てくるわね。」

その夜《よる》。フランク一家《いっか》は全員《ぜんいん》つかれはててねむり、朝《あさ》がやってきました。

みんながルールどおりに7時《じ》までに起《お》きてトイレを使《つか》い、つめたい朝食《ちょうしょく》をとると、会社《かいしゃ》のクレイマンさんが顔《かお》を出《だ》して、父《ちち》と商売《しょうばい》の相談《そうだん》を始《はじ》めました。

その晩《ばん》もミープさんがやってきて、

「やっぱり、モールチェはいなかったわ……。」

と言《い》い、あちこち聞《き》きあるいたところ、フランク一家《いっか》の逃亡《とうぼう》が近所《きんじょ》でたいへんなうわさになっているると告《つ》げました。たまたま、ハンネリがお母《かあ》さんに言《い》われて、貸《か》した料《りょう》理用《りよう》はかりを返《かえ》してもらいにきたところ、フランク一家《いっか》が一室《いっしつ》を貸《か》している人《ひと》が出《で》てきて、こまったように言《い》ったのだそうです。

「フランク一家《いっか》はどこかににげたみたいだよ。たぶん――スイスかな。」

ハンネリはキッチンに行《い》き、はかりをつかんで、家《いえ》にとんでかえりました。そして
お母《かあ》さんに、

「アンネがいなくなった！　きっと、おばあちゃんがいるスイスににげたのよ！」

と言《い》ったのです。うわさはたちまち、近所中《きんじょじゅう》に広《ひろ》まりました。

「われわれの思《おも》わくどおりだ。」

両親《りょうしん》は顔《かお》を見合《みあ》わせ、ほっとしたようにうなずきあいました。

翌日《よくじつ》は一日《いちにち》じゅうかたづけ、かたづけ、かたづけでした。アンネは父《ちち》が持《も》ってきてくれた箱《はこ》から映画《えいが》スターや王族《おうぞく》の切《き》りぬきを出《だ》して、マルゴーとの相部屋《あいべや》の壁《かべ》にはりつけました。

その晩《ばん》、アンネは小《ちい》さな机《つくえ》に向《む》かうと、この4日間《よっかかん》の生活《せいかつ》をふりかえりました。隠《かく》れ家《が》ぐらしは、ほんとうにきゅうくつです。

まず、一歩《いっぽ》も外《そと》に出《で》られません。ぬき足《あし》さし足《あし》で歩《ある》き、窓《まど》に近《ちか》づきすぎてはだめ。大声《おおごえ》でわらうこともだめ。母《はは》からは、

「ひとつまちがえばナチスにつかまるのよ。そしてユダヤ人強制収容所《じんきょうせいしゅうようじょ》につれていかれて、殺《ころ》されるの。あなたはお調子者《ちょうしもの》だから、気《き》をつけて。」

と、くどいほど言《い》われます。

アンネはそのたびに、だまって、うなずきました。

（ひとつまちがえば、ナチスにつかまって――殺《ころ》される。）

アンネは不安《ふあん》でぞくぞくしました。

アンネにとって、もうひとつの不安《ふあん》は、友《とも》だちと連絡《れんらく》がとれないことでした。ジャックも、ハンネリも、サンネも、この世《よ》のだれも、いまはもう、とつぜん消《き》えたアンネがどこにいるかを知《し》りません。

でもキティー、わたしはちゃんと生《い》きてますし、いまはそれがいちばんだいじなことだとパパも言《い》っています。

（1942年《ねん》7月8日《がつようか》）

アンネは、キティーと名《な》づけた日記帳《にっきちょう》に、そう書《か》きました。

4日目《よっかめ》には、ぐったりしていた母《はは》がすこし立《た》ちなおり、キッチンで豆《まめ》のスープをつくってくれました。雨《あめ》にぬれて風邪《かぜ》をひいたマルゴーは、せき止《ど》めを山《やま》ほど飲《の》まされて、やっと快復《かいふく》しました。ここでは、うっかりせきもできないのだと、アンネはあらためて思《おも》いしらされました。

「肺炎《はいえん》にでもなったらどうしましょう！　お医者《いしゃ》さまもよべませんわ。」

うろたえる母《はは》を、父《ちち》が必死《ひっし》でなだめ――マルゴーは運《うん》よく全快《ぜんかい》しました。

（ともかく、よかった！）

アンネは胸《むね》をなでおろしました。
あとはファン・ペルスさん一家《いっか》を待《ま》つばかりです。

4 少女《しょうじょ》から大人《おとな》へ

ファン・ペルス一家《いっか》の到着《とうちゃく》

7月《がつ》13日《にち》、ファン・ペルスさん一家《いっか》が、隠《かく》れ家《が》に到着《とうちゃく》しました。

ヘルマン・ファン・ペルスさんは、にぎやかな人《ひと》。夫人《ふじん》のアウグステさんは女優《じょゆう》のような美人《びじん》で、見《み》るからに個性的《こせいてき》な人《ひと》。〝おまる（携帯用便器《けいたいようべんき》）〟を入《い》れた帽子箱《ぼうしばこ》をさげてあらわれると、

「あたし、これがないと、安心《あんしん》してねむれませんの！」

ひとり息子《むすこ》のペーターは15歳《さい》ということで、ムッシーという名前《なまえ》の大《おお》きなねこをだいています。

（考《かん》えられない！　こんなところにねこを平気《へいき》で持《も》ちこむなんて。）

アンネは、ねこのモールチェをつれてこられなかったこともあり、ペーターによい印象《いんしょう》をもてません。しかもペーターは、とても無口《むくち》なのです。

（なに考《かんが》えてるのか、わからない！　さえない子《こ》。）

いっぽう、ペーターのほうは年下《としした》でも口《くち》が達者《たっしゃ》なアンネにおそれをなし、眼鏡《めがね》をかけ、すでに女性《じょせい》らしい体型《たいけい》に育《そだ》っている1歳上《さいうえ》のマルゴーをひそかに「おばさん」とよんで遠《とお》ざけていました。

ファン・ペルス夫人《ふじん》は、だれよりも先《さき》に、はっきりものを言《い》うアンネが気《き》に入《い》りません。

「子《こ》どもが、出《で》しゃばるものじゃないわよ！　とくに、女《おんな》の子《こ》は――。」

ことあるごとに、アンネにお説教《せっきょう》をします。

「うちには、うちの教育方針《きょういくほうしん》がありますので。」

母《はは》はそのたびに目《め》をつりあげて言《い》いかえし、父《ちち》が、

「アンネはいい子《こ》ですよ。あなたの長《なが》いお説教《せっきょう》を、おとなしく聞《き》けるだけでも、そう

言《い》えると思《おも》いますがね。」

と、やんわりやりかえし――。それだけでもげっそりするのに、ファン・ペルス夫妻《ふさい》はしょっちゅう、人前《ひとまえ》で派手《はで》な夫婦《ふうふ》げんかをくりひろげるのです。

（考《かんが》えられない！）

両親《りょうしん》のけんかするところなど見《み》たことがないアンネは目《め》を丸《まる》くし、ペーターとマルゴーは、大声《おおごえ》が外《そと》にもれないかと、おろおろしっぱなしです。

こうして2家族《ふたかぞく》7人《にん》の、あぶなっかしい共同生活《きょうどうせいかつ》が始《はじ》まりました。

では、次《つぎ》に隠《かく》れ家《が》の典型的《てんけいてき》な1日《にち》を、ご紹介《しょうかい》しましょう。

フランク家《け》、ファン・ペルス家《け》の全員《ぜんいん》は、ルールどおり、朝《あさ》は7時《じ》までに起床《きしょう》。8時《じ》までにはかならず、順番《じゅんばん》に洗面《せんめん》とトイレをすませます。このときからもう、ぬき足《あし》さし足《あし》。会社《かいしゃ》はもちろん、隠《かく》れ家《が》の下《した》の倉庫《そうこ》にひびくのが危険《きけん》なのです。倉庫係《そうこがかり》はふたりいます。ひとりはベップさんの父《ちち》で、隠《かく》れ家《が》の支援者《しえんしゃ》のひとりです。けれども、交替《こうたい》でやってくるもうひとりの倉庫係《そうこがかり》には、事情《じじょう》を秘密《ひみつ》にしてありました。

9時《じ》ちょっとすぎには、ミープさんが秘密《ひみつ》の入《い》り口《ぐち》からさっと入《はい》ってきて2家族《ふたかぞく》の買《か》い物《もの》リストを受《う》けとります。

さて、リストとお金《かね》を受《う》けとったミープさんは、ベップさんと手分《てわ》けをして、仕事《しごと》の合間《あいま》や夕方《ゆうがた》、買《か》い物《もの》に走《はし》るのです。食料《しょくりょう》や衣料《いりょう》の配給切符《はいきゅうきっぷ》は、ミープさんの夫《おっと》ヤンさんが、偽造切符《ぎぞうきっぷ》を手配《てはい》してくれました。それでなくても1942年《ねん》7月《がつ》のいま、アムステルダムの町《まち》では物不足《ものぶそく》が深刻《しんこく》になっています。ミープさんもベップさんも、何《なん》時間《じかん》も行列《ぎょうれつ》し、遠《とお》くの店《みせ》までまわらなければならないことが、たびたびです。けれども、ふたりともいやな顔《かお》ひとつせず、たのまれたものを買《か》いあつめてくれました。

マルゴーとアンネとペーターは9時半《じはん》から勉強《べんきょう》です。

数学《すうがく》、オランダ語《ご》、歴史《れきし》、ラテン語《ご》、英語《えいご》、フランス語《ご》……。

オットーのすすめで、速記《そっき》や秘書養成《ひしょようせい》の通信講座《つうしんこうざ》も受講《じゅこう》しました。これもミープさんやベップさんたちが、自分《じぶん》たちの名前《なまえ》で案内《あんない》のとりよせをし、申《もう》しこみや受講料《じゅこうりょう》のはらいこみまですませてくれました。

「来年《らいねん》はきっと学校《がっこう》にもどれるわ。」

「そのとき、友《とも》だちにおくれをとりたくないものね。」

きそうように勉強《べんきょう》するマルゴーとアンネにつられて、勉強《べんきょう》が苦手《にがて》なペーターも、熱《ねっ》心《しん》に勉強《べんきょう》します。勉強時間《べんきょうじかん》がすむと4階《かい》にあがって家事《かじ》の手《て》つだいや、刺繍《ししゅう》の練習《れんしゅう》。屋根裏《やねうら》に何《なん》トンも貯蔵《ちょぞう》してあるじゃがいもの皮《かわ》をむいたり、古《ふる》い豆《まめ》のかびをふきとったり。

4階《かい》なら少々《しょうしょう》の水音《みずおと》はかまいませんが、おしゃべりはあくまでも小声《こごえ》で！

15分《ふん》おきに、ゴーンゴーンと鳴《な》りわたる教会《きょうかい》の鐘《かね》の音《ね》は、みんなの頭痛《ずつう》の種《たね》でした。

「ああ、いや！　耐《た》えられない！」

ファン・ペルス夫人《ふじん》は鐘《かね》が鳴《な》るたびに、頭《あたま》をぶるぶるふったり、両手《りょうて》で耳《みみ》をおさえてうめきます。けれども12時半《じはん》の鐘《かね》の音《ね》だけは別《べつ》。12時半《じはん》から2時《じ》までは、会社《かいしゃ》が昼《ひる》休《やす》みで、からになるのです。隠《かく》れ家《が》の人《ひと》たちは、昼食《ちゅうしょく》をはさんで気《き》がねなく動《うご》いたり音《おと》を立《た》てたり、火《ひ》も使《つか》えます。トイレの水《みず》を流《なが》すのも自由《じゆう》。

この時間帯《じかんたい》には支援者《しえんしゃ》がつぎつぎと、秘密《ひみつ》のドアから、4階《かい》のリビングキッチンへあがってきます。ベップさん、ヤンさん、ときには買《か》い物《もの》を早《はや》めにすませたミープさんが来《き》ました。クレイマンさんとクーフレルさんは、オットーとファン・ペルスさんに仕事《しごと》の報告《ほうこく》をします。身《み》をかくしていても実際《じっさい》には、このふたりが社長《しゃちょう》なのです。クレイマンさんとクーフレルさんは、わすれずにその日《ひ》の新聞《しんぶん》を持《も》ってきてくれました。とはいえ記事《きじ》はどれも、ナチスの厳重《げんじゅう》な検閲《けんえつ》を受《う》けているので、そのまま信《しん》じることはできません。

1時《じ》45分《ふん》までに支援者《しえんしゃ》たちが引《ひ》きあげると、いったん解散《かいさん》。フランク一家《いっか》は3階《がい》へ。4階《かい》はファン・ペルス家専用《けせんよう》となります。

5時半《じはん》にミープさんかベップさんが、合図《あいず》のノックをし、

「みんな帰《かえ》ったわ！　倉庫《そうこ》にもだれもいないわよ。」

にこにこしながら入《はい》ってくると、全員《ぜんいん》ほっとして、秘密《ひみつ》のドアを開《あ》け、階段《かいだん》をおり

て社長室《しゃちょうしつ》に集《あつ》まり、ラジオのニュースに耳《みみ》をかたむけます。聞《き》くのは英語《えいご》のBBC《ビービーシー》放送《ほうそう》。そのすぐあとに、BBC《ビービーシー》のオランダ語版放送《ごばんほうそう》ラジオ・オラーニュのニュースも確認《かくにん》。そしてオットーが世界地図《せかいちず》に、エーディトからかりた裁縫針《さいほうばり》で、連合軍《れんごうぐん》の進軍先《しんぐんさき》をとめつけるのです。

(昨日《きのう》は、あそこ! 今日《きょう》はここまでか……。)

そのたびに、みんな一喜一憂《いっきいちゆう》するのでした。

そのあと、オットーとファン・ペルスさんは仕事《しごと》の相談《そうだん》。ペーターはねこのムッシーをだいて倉庫《そうこ》へおりていき、アンネとマルゴーは会社《かいしゃ》の事務室《じむしつ》でかんたんな体操《たいそう》をして、運動不足《うんどうぶそく》を解消《かいしょう》。そのあとは、たらいに熱《あつ》いお湯《ゆ》をくんで行水《ぎょうずい》をします。

アンネは、いろいろためしたすえ、会社《かいしゃ》の事務室《じむしつ》の広々《ひろびろ》としたトイレをシャワー室《しつ》代《が》わりに使《つか》うことにしました。

せまいベッドに入《はい》るまえには、たっぷり時間《じかん》をかけて髪《かみ》をとかし、カーラーでていねいにまきます。そのたびにジャックや、ハンネリや、サンネの顔《かお》がうかびましたが、ミープさんに調《しら》べてもらっても、3人《にん》の消息《しょうそく》はまったくわかりません。ミープさんの話《はなし》では、ナチスのユダヤ人狩《じんが》りははげしくなるばかりだそうです。

たしかに、夕暮《ゆうぐ》れにそっとカーテンのすきまから外《そと》をのぞくと、ゲシュタポに連行《れんこう》される人《ひと》びとの姿《すがた》がますますふえています。家《いえ》をすててにげまわる人《ひと》も出《で》てきているとか。

すると8月《がつ》の末《すえ》のある日《ひ》、クーフレルさんが、

「秘密《ひみつ》の入《い》り口《ぐち》のドア、なんとかなりませんかね。」

と言《い》いだしました。

「近《ちか》ごろ、ナチスがこの一帯《いったい》で、ユダヤ人《じん》のかくし自転車《じてんしゃ》をさがしまわっているんです。いつふみこまれるかわかりませんのでね。」

みんながアイディアを出《だ》しあった結果《けっか》、ベップさんのお父《とう》さんで倉庫係《そうこがかり》のフォスキュイルさんに、〝からくりドア〟をつくってもらうことにしました。

ドアの前《まえ》に本棚《ほんだな》をとめつけただけですが、フォスキュイルさんの細工《さいく》はすばらし

く、外《そと》からはどう見《み》ても本棚《ほんだな》。その後《うし》ろにドアがあるようには、とても見《み》えません。

アンネたちはみんな、心《こころ》からほっとしました。

外《そと》はどうあれ、隠《かく》れ家《が》ではいまのところ、食料《しょくりょう》もじゅうぶん足《た》りています。

肉《にく》と野菜《やさい》とくだものはファン・ペルスさんが、隠《かく》れ家《が》に来《く》るまえに取《と》り決《き》めをしておいた店《みせ》で、配給切符《はいきゅうきっぷ》なしでも売《う》ってもらえました。八百屋《やおや》さんは、重《おも》い荷物《にもつ》を、昼《ひる》休《やす》みをねらって会社《かいしゃ》にとどけてくれます。牛乳《ぎゅうにゅう》はベップさんが昼休《ひるやす》みに、支援者《しえんしゃ》たちの家《いえ》にとりにいって、持《も》ってきてくれました。パンはクレイマンさんが、知《し》り合《あ》いのパン屋《や》さんから、会社《かいしゃ》の社員用《しゃいんよう》として買《か》ってくれました。

10月《がつ》14日《か》の日記《にっき》でアンネは、

ここへきてからの3カ月《げつ》で、なんとわたしは8キロ近《ちか》くもふえてしまいました。

すごいふえかた！

（1942年《ねん》10月《がつ》14日《か》）

と書《か》いています。でもこれは太《ふと》ったのではなく、身長《しんちょう》がのびたのです。当時《とうじ》のアンネは体重《たいじゅう》39キログラム、身長約《しんちょうやく》155センチメートル。母《はは》はやせっぽちのアンネを心配《しんぱい》して、食《た》べなさいとくりかえし、肝油《かんゆ》（タラなどの肝臓《かんぞう》からとる脂肪油《しぼうゆ》。ビタミンが豊富《ほうふ》）まで飲《の》ませようとしました。アンネは子《こ》どもあつかいがうっとうしいと思《おも》いながらも、悲惨《ひさん》な目《め》にあっている多《おお》くのユダヤ人《じん》にくらべれば、自分《じぶん》がどれほどめぐまれているかを、いたいほど感《かん》じていました。隠《かく》れ家《が》のみんなも同《おな》じことを考《かんが》えていたのでしょう。

「もうひとりぐらい、受《う》けいれられないかな。」

という声《こえ》が、だれからともなくあがるようになりました。

8人目《にんめ》の住人《じゅうにん》

すると、1942年《ねん》11月《がつ》のはじめ、ミープさんがオットーに、

「この隠《かく》れ家《が》に、もうひとり、くわえていただけませんか？」

と言《い》ったのです。フリッツ・フェファーさん。歯科医《しかい》で、年齢《ねんれい》はオットーと同《おな》じ53

歳《さい》。ユダヤ人《じん》ではない婚約者《こんやくしゃ》をナチスから守《まも》るために別居《べっきょ》し、いまはひとりぐらし。いつ、ゲシュタポに連行《れんこう》されるかと、毎日《まいにち》びくびくくらしているというのです。

フランク家《け》、ファン・ペルス家《け》と支援者《しえんしゃ》たちが話《はな》しあった結果《けっか》、その人《ひと》を8人目《にんめ》として、隠《かく》れ家《が》にむかえいれることにしました。アンネも大賛成《だいさんせい》です。

「アンネがその人《ひと》と同室《どうしつ》になってほしいんだが――いいかね？」

父《ちち》に聞《き》かれたときも、こころよく同意《どうい》しました。

「ほんとうは、男同士《おとこどうし》、ペーターと同室《どうしつ》にしてもらいたいところだが。ファン・ペルス家《け》の親類《しんるい》を受《う》けいれるのをことわったものでね。マルゴーがパパたちの部屋《へや》へうつる。」

すまなそうに説明《せつめい》する父《ちち》に、アンネはきっぱり言《い》いました。

「いいのよ、パパ。人《ひと》ひとりの命《いのち》をすくえるなら、かまわないわ。」

11月《がつ》16日《にち》にやってきたフェファーさんは、みんなから大歓迎《だいかんげい》されます。

ところが、アンネと仲《なか》よくくらせたのは最初《さいしょ》の二、三日《にち》。〝子《こ》ども好《ず》きのやさしい人《ひと》〟というふれこみだった歯医者《はいしゃ》さんはたちまち、アンネの天敵《てんてき》に変身《へんしん》したのです。

「昼間《ひるま》は物音《ものおと》を立《た》てちゃだめ。おそうじ係《がかり》が事務所《じむしょ》に来《き》ているときは、とくに。」

と、アンネが注意《ちゅうい》すれば、

「その命令的《めいれいてき》な言《い》い方《かた》はなんだ！　子《こ》どものくせに。」

と言《い》いかえし、ひとつだけの書《か》き物机《ものづくえ》を当然《とうぜん》のように独占《どくせん》して、

「わたしは仕事《しごと》をしているんだ。子《こ》どもの遊《あそ》びじゃないんだぞ。」

と、アンネをにらみつけるのです。やがては、しょっちゅうアンネに「しいい！」と言《い》いつづけ、言《い》いかえそうものなら、あとから両親《りょうしん》にしつけが悪《わる》い、礼儀《れいぎ》を知《し》らないと、さんざん文句《もんく》を言《い》うようになりました。

アンネはフェファーさんに「デュッセル（まぬけ）」さんとあだなをつけ、

〝くどくて、古臭《ふるくさ》くて、陰険《いんけん》で……〟

と、日記《にっき》にうったえます。ふたりの関係《かんけい》は、どんどん悪化《あっか》していきます。

ユダヤ教《きょう》の祭《まつ》りと、キリスト教《きょう》の祭《まつ》り

とはいえ、1942年《ねん》12月《がつ》のはじめには、隠《かく》れ家《が》でとても楽《たの》しいもよおしがふたつ、つづきました。

アンネたちユダヤ教徒《きょうと》の「ハヌカ」[1]とカトリックのキリスト教徒《きょうと》がクリスマスまえにいわう「聖《せい》ニコラス祭《さい》」[2]が1日《にち》ちがいでおとずれたのです。

[1] 紀元前《きげんぜん》165年《ねん》に、ユダヤ人《じん》がシリア王国《おうこく》との戦争《せんそう》に勝《か》ち、エルサレム神殿《しんでん》をとりもどして神《かみ》に献《けん》じたことを記念《きねん》する祭《まつ》り。神殿奉献祭《しんでんほうけんさい》ともいう。ユダヤ暦《れき》でキスレウ月《づき》の25日《にち》から8日間《ようかかん》（日本《にっぽん》が使《つか》っている太陽暦《たいようれき》の12月《がつ》ごろ）行《おこな》われる。

[2] 聖《せい》ニコラス（271～343年《ねん》ごろ）の命日《めいにち》である12月6日《がつむいか》の前夜《ぜんや》に、子《こ》どもたちにプレゼントを贈《おく》るお祭《まつ》り。聖《せい》ニコラスはギリシャの司教《しきょう》で、まずしい人《ひと》びとやこまっている人《ひと》びとに、自分《じぶん》のお金《かね》や持《も》ち物《もの》をプレゼントしていた。サンタクロースは、聖《せい》ニコラスのオランダ語《ご》の名前《なまえ》ジンタークラースが変化《へんか》して、世界中《せかいじゅう》につたわったといわれる。

12月4日《がつよっか》、金曜日《きんようび》のハヌカは、ごくかんたんにいわわれました。隠《かく》れ家《が》の全員《ぜんいん》が、9本《ほん》の枝《えだ》がついたハヌカ用《よう》の燭台《しょくだい》（ハヌキヤ）にろうそくをともし、その前《まえ》で聖歌《せいか》を歌《うた》い、ささやかなプレゼントを交換《こうかん》しました。

いっぽう、翌5日《よくいつか》の聖《せい》ニコラス祭《さい》のはなやかだったこと！

夜《よる》の8時《じ》になると、オットーの合図《あいず》で、隠《かく》れ家《が》の全員《ぜんいん》は1列《れつ》になって、からくりドアを開《あ》け廊下《ろうか》をぬけて、会社《かいしゃ》の窓《まど》がない一室《いっしつ》に向《む》かいました。12月《がつ》の夜《よる》8時《じ》はこわいほどまっ暗《くら》です。闇《やみ》の中《なか》でだれかがスイッチをおすと、部屋中《へやじゅう》がぱっと明《あか》るくなりました。オットーが大《おお》きな食器棚《しょっきだな》に歩《あゆ》みより、とびらをさっと開《あ》けます。すると——。

「わあ、これなに⁉」

みんなが息《いき》をのみ、目《め》をかがやかせました。棚《たな》のひとつに、聖《せい》ニコラスの柄《がら》がついた包装紙《ほうそうし》をかぶせ、いちばん上《うえ》に、聖《せい》ニコラスのおともをする少年《しょうねん》のお面《めん》をのせた大《おお》きなバスケットがおかれています！

みんなでそのバスケットを持《も》って隠《かく》れ家《が》の4階《かい》にもどると、さっそく開《あ》けてみました。中《なか》には支援者《しえんしゃ》たちから隠《かく》れ家《が》の8人《にん》それぞれへの、メッセージとプレゼントが入《はい》っていました。

日記《にっき》によれば、アンネはスカート全体《ぜんたい》が、いくつもの小物入《こものい》れになっているお人形《にんぎょう》をもらいました。たぶんミープさんとベップさんがえらんでくれたのでしょう。

オットーにはブックエンド。ファン・ペルスさんには灰皿《はいざら》、デュッセルさんことフェファーさんには写真立《しゃしんた》て――どれもフォスキュイルさんのみごとなお手製《てせい》です。

8人《にん》は全員《ぜんいん》、生《う》まれてはじめての聖《せい》ニコラス祭《さい》にすっかり感激《かんげき》し、支援者《しえんしゃ》たちに、心《こころ》のこもった、お返《かえ》しの贈《おく》り物《もの》をしました。

キリスト教《きょう》とユダヤ教《きょう》のお祭《まつ》りで豊《ゆた》かな気分《きぶん》になった隠《かく》れ家《が》の大人《おとな》たちに、しぜんと生《い》きる気力《きりょく》がもどってきました。翌週《よくしゅう》、ファン・ペルスさんは、昔《むかし》を思《おも》いだしてソーセージづくりを実演《じつえん》し、みんなの目《め》をくぎづけにします。デュッセルさんは歯科《しか》医《い》の診療《しんりょう》を始《はじ》めました。患者第《かんじゃだい》1号《ごう》はファン・ペルス夫人《ふじん》。虫歯《むしば》をけずられて、大《おお》げさに悲鳴《ひめい》をあげつづけ、みんなをひやひやさせました。その後《ご》、アンネも虫歯《むしば》をしぶしぶ、治療《ちりょう》してもらうことになります。アンネとマルゴーとペーターは、会社《かいしゃ》からまわってくる、伝票整理《でんぴょうせいり》や商品《しょうひん》の袋《ふくろ》づめの仕事《しごと》に大《おお》わらわです。最初《さいしょ》はミープさんが気《き》晴《ば》らしにと持《も》ちこんでくれた仕事《しごと》ですが、いまや不景気《ふけいき》にもかかわらず人手《ひとで》が不足《ふそく》し、アンネたちは貴重《きちょう》な労働力《ろうどうりょく》になっているのです。隠《かく》れ家《が》の全員《ぜんいん》が、上《じょう》きげんで1942年《ねん》の歳末《さいまつ》をむかえようとしていました。

みんな、大《だい》きらい！

ところがいい気分《きぶん》は、長《なが》くもちませんでした。クリスマスのバター特別配給《とくべつはいきゅう》をさかいに、オランダの食料事情《しょくりょうじじょう》が急激《きゅうげき》に悪化《あっか》したのです。

連合軍《れんごうぐん》が優勢《ゆうせい》とはいえ、なかなか戦争《せんそう》が終《お》わらないためでした。隠《かく》れ家《が》にはまだかなりの食料《しょくりょう》がたくわえられていましたが、それでも、夕食《ゆうしょく》はパンなしで、ほうれん草《そう》かレタスという日々《ひび》が多《おお》くなりました。

ダイエットをご希望《きぼう》のかたは、どなたもわが《隠《かく》れ家《が》》にどうぞ！

（1943年《ねん》4月《がつ》27日《にち》）

4か月《げつ》がすぎたころの日記《にっき》には、こんなユーモアのある記述《きじゅつ》がありますが、くだものは手《て》がとどかないほど高価《こうか》になり、ラードも野菜《やさい》もごくすこし出《で》まわるだけになります。

せっぱつまった食料事情《しょくりょうじじょう》と進《すす》まない戦況《せんきょう》、単純《たんじゅん》な日々《ひび》に、隠《かく》れ家《が》の人《ひと》たちもだんだんふきげんになり、ついにはあちこちでいがみ合《あ》いが始《はじ》まったのです。

アンネはデュッセルさん、ファン・ペルス夫人《ふじん》から、ことあるごとに行儀《ぎょうぎ》が悪《わる》い、生意気《なまいき》と説教《せっきょう》され、マルゴーを見習《みなら》ったらどうかと言《い》われます。

母《はは》エーディトからも同《おな》じことを言《い》われると、アンネのがまんも限界《げんかい》です。母《はは》は昔《むかし》から、優等生《ゆうとうせい》のマルゴーをえこひいきしていて、アンネは去年《きょねん》も日記《にっき》に、ママのマルゴーにたいする扱《あつか》いと、わたしにたいする扱《あつか》いとでは、差《さ》がありすぎます。

（1942年《ねん》7月《がつ》12日《にち》）

とおこり、どうしてこんなにまでママのことが嫌《きら》いになったのか、自分《じぶん》でもさっぱりわかりません。

（1942年《ねん》10月3日《がつみっか》）

とうったえていました。

なんとか歩《あゆ》みよろうとする母親《ははおや》をつめたくつっぱね、だれがあやまったりするものかとつっぱり——父《ちち》の悲《かな》しげな顔《かお》を見《み》ると孤立感《こりつかん》でいっぱいになりました。そしてとうとう、
パパにさえも——どなってやりたい。「わたしをほっといてちょうだい。（後《こう》略《りゃく》）」って。

（1943年《ねん》1月《がつ》13日《にち》）

とまで書《か》くことになります。

アンネは自分《じぶん》が傷《きず》ついている気持《きも》ちを、
わたしはちっともマルゴーみたいになりたくなんかないんです。

（1943年《ねん》2月5日《がついつか》）

なにごとも他人《たにん》の言《い》うなりだ。自分《じぶん》はもっと強《つよ》い性格《せいかく》になりたい。でも言《い》い合《あ》いをさけ、自分《じぶん》の胸《むね》ひとつにおさめているんだと。

と、日記《にっき》にうったえます。マルゴーはおとなしすぎる。

1943年《ねん》3月《がつ》には、満足《まんぞく》にはけるくつが1足《そく》もなくなり、やがて肌着《はだぎ》もすべてきつくなり、手持《ても》ちの服《ふく》はみんな、つんつるてんになりました。半分大人《はんぶんおとな》、半分子《はんぶんこ》どもの傷《きず》つきやすい心《こころ》をもったまま、アンネの体《からだ》だけが確実《かくじつ》に成長《せいちょう》していきます。

見《み》かけがどんなに大人《おとな》びてきても、アンネが、隠《かく》れ家《が》の8人《にん》のなかで、つねに最年少《さいねんしょう》であることにかわりません。大人《おとな》たちに、なにかというと子《こ》どもあつかいされ、頭《あたま》をおさえつけられるアンネにとって、日記《にっき》だけが自分《じぶん》の不満《ふまん》と怒《いか》りをだまって聞《き》いてくれる、ただひとりの相手《あいて》でした。アンネは日記《にっき》を書《か》くことで自分《じぶん》を落《お》ちつかせ、自《じ》分《ぶん》の気持《きも》ちを整理《せいり》し、自分《じぶん》を立《た》てなおそうとしたのです。

14歳《さい》の誕生日《たんじょうび》

1943年《ねん》6月《がつ》。アンネは14歳《さい》になりました。隠《かく》れ家《が》のみんなやミープさんやベップさんからの、心《こころ》づくしの誕生日祝《たんじょうびいわ》いとともに、父《ちち》はこんなメッセージを贈《おく》ってくれました。

ここではいちばん年若《としわか》だが、おまえはもう幼児《ようじ》ではない、
しかし人生《じんせい》はきびしいだろう、われわれ年長者《ねんちょうしゃ》が周囲《しゅうい》から、
あれこれとおまえに指図《さしず》しようとするからね。（中略《ちゅうりゃく》）
どうかわれわれを、おまえの両親《りょうしん》を、広《ひろ》い心《こころ》で見《み》てほしい、
これでもおまえを公平《こうへい》に、共感《きょうかん》をもって判断《はんだん》しようとしているのだから。（後略《こうりゃく》）

（1943年《ねん》6月《がつ》13日《にち》）

理解《りかい》と愛情《あいじょう》あふれる父《ちち》のメッセージは、アンネの心《こころ》をやわらげました。そして、いままでの反抗的《はんこうてき》だった自分《じぶん》を反省《はんせい》するきっかけにもなります。

前後《ぜんご》して、ベップさんの父親《ちちおや》のフォスキュイルさんが不治《ふじ》の病《やまい》にたおれました。娘《むすめ》のベップさんはもちろん、隠《かく》れ家《が》の8人《にん》もミープさんやほかの支援者《しえんしゃ》も、大《おお》きなショックを受《う》けました。隠《かく》れ家《が》のドアに本棚《ほんだな》をつけて、〝からくりドア〟にしてくれたフォスキュイルさんは手術後《しゅじゅつご》、家《いえ》で養生《ようじょう》することになり、倉庫係《そうこがかり》をやめました。

9月《がつ》にはファン・ペルス夫人《ふじん》のお誕生日《たんじょうび》がありました。フランク一家《いっか》からのプレゼントはパンや肉《にく》やチーズの配給券《はいきゅうけん》。

お誕生日《たんじょうび》にこのようなものを贈《おく》る……いまはこういう時代《じだい》なんです！

（1943年《ねん》9月《がつ》29日《にち》）

と、アンネは日記《にっき》になげきました。

手《て》に入《はい》る食料《しょくりょう》は、ますます少《すく》なくなっていました。

1942年《ねん》の暮《く》れに食料不足《しょくりょうぶそく》が始《はじ》まってから、アムステルダムの治安《ちあん》は日々悪化《ひびあっか》し、泥棒《どろぼう》やかっぱらいが毎日《まいにち》のように起《お》こるようになりました。アンネたちの隠《かく》れ家《が》にも、春《はる》、夏《なつ》とつづけて、泥棒《どろぼう》さわぎがありました。

1943年《ねん》3月《がつ》のさわぎは、まちがいでしたが、アンネの誕生日《たんじょうび》の約《やく》1か月後《げつご》、7月《がつ》16日《にち》、ついに泥棒《どろぼう》が入《はい》ったのです。

その日《ひ》の朝《あさ》、会社《かいしゃ》が始《はじ》まるまえに、ペーターが運動《うんどう》をかねて倉庫《そうこ》におりると、倉庫《そうこ》のドアがふたつともすこし開《ひら》いていました。ペーターから報告《ほうこく》を受《う》けたオットーはすぐに、社長室《しゃちょうしつ》のラジオをBBC《ビービーシー》からドイツ語放送《ごほうそう》に合《あ》わせなおし、ドアに鍵《かぎ》をかけて、隠《かく》れ家《が》にもどってきます。そのあとは、こういう場合《ばあい》にそなえて、まえまえから申《もう》しあわせているとおり、8時《じ》までにトイレをすませ、水《みず》を使《つか》わず、口《くち》をきかず、支《し》援者《えんしゃ》が来《き》てくれるのをひたすら待《ま》ちました。すると11時半《じはん》ごろ、クレイマンさんがやっとあらわれて、説明《せつめい》してくれました。泥棒《どろぼう》はかなてこで、倉庫入《そうこい》り口《ぐち》のドアをふたつともこじあけて侵入《しんにゅう》しました。ところが倉庫《そうこ》には金目《かねめ》のものがなかったので、2階《かい》の事務室《じむしつ》にあがり、手提《てさ》げ金庫《きんこ》をふたつぬすんでいったのです。中《なか》には現金《げんきん》と郵便《ゆうびん》為替《かわせ》、小切手帳《こぎってちょう》。そして、いちばんの被害《ひがい》は砂糖《さとう》の配給切符《はいきゅうきっぷ》150キログラム分《ぶん》が入《はい》っていました。

けっきょく、たいした被害《ひがい》にはなりませんでしたが、アンネたちはびくびくしながら暑《あつ》い夏《なつ》をすごすことになります。

やがて、秋《あき》が始《はじ》まるころ、BBC《ビービーシー》ラジオと、そのオランダ語版《ごばん》、ラジオ・オラーニュのニュースでイタリア無条件降伏《むじょうけんこうふく》が告《つ》げられました。

1943年《ねん》9月8日《がつようか》のことでした。

前年《ぜんねん》の1942年《ねん》、ギリシャ、北《きた》アフリカ、地中海《ちちゅうかい》でイギリスにやぶれたムッソリーニのイタリア軍《ぐん》は、ドイツ軍《ぐん》の援助《えんじょ》で、なんとかもちこたえていたものの、1943年《ねん》1月《がつ》には早《はや》くも休戦《きゅうせん》を考《かんが》えはじめました。

やがて7月10日《がつとおか》に連合軍《れんごうぐん》がシチリアに上陸《じょうりく》すると、7月《がつ》25日《にち》に軍《ぐん》の一部《いちぶ》が国王《こくおう》の了《りょう》

解《かい》を得《え》てクーデターを起《お》こし、ムッソリーニ首相《しゅしょう》は失脚《しっきゃく》し、囚《とら》えられていたのです。
「イタリアがやっと降伏《こうふく》した！」
「ドイツはイタリアという同盟軍《どうめいぐん》をうしなったんだ。」
「今度《こんど》こそ、終戦《しゅうせん》だ！」
隠《かく》れ家《が》のみんなは、舞《ま》いあがらんばかりに、よろこびました。
その2日《ふつか》まえ、アンネは、レポーターのように、
「隠《かく》れ家《が》を出《で》られたら、まずまっ先《さき》になにをしたい？」
と、聞《き》きあるいていました。みんなの答《こた》えは——。
熱《あつ》いお湯《ゆ》にゆっくりつかる（マルゴーと、ファン・ペルスさん）
クリームケーキを食《た》べにいく（ファン・ペルス夫人《ふじん》）
はなれて住《す》む恋人《こいびと》と会《あ》いたい（デュッセルさん）
おいしいコーヒーが飲《の》みたい！（母《はは》）
フォスキュイルさんをお見舞《みま》いにいくよ（父《ちち》）

町《まち》を歩《ある》いて、映画《えいが》を見《み》たい（ペーター）
そしてアンネは？
また学校《がっこう》へ行《い》きたい！
と、日記《にっき》に書《か》きました。

（1943年《ねん》7月《がつ》23日《にち》）

病人続出《びょうにんぞくしゅつ》

イタリアは降伏《こうふく》したものの、戦争《せんそう》はまだ長引《ながび》いていました。

オランダ中《じゅう》が、先《さき》が見《み》えない不安《ふあん》といらだちにつつまれていました。

いらだつアンネは10月《がつ》の最後《さいご》の日《ひ》、同《おな》じようにいらだつ両親《りょうしん》とマルゴー相手《あいて》に、大《おお》げんかをすることになりました。3階《がい》のフランク家《け》で、マルゴーが読《よ》みかけの本《ほん》をおいて席《せき》を立《た》ちます。アンネが何気《なにげ》なくその本《ほん》を手《て》にして読《よ》みはじめました。そこへマルゴーがもどってきて、目《め》をつりあげ、

「返《かえ》してよ。」

と言《い》ったのです。母《はは》がさっそくアンネに、

「早《はや》くお返《かえ》しなさい！　マルゴーが読《よ》んでいた本《ほん》でしょ。」

とうながし、たまたま通《とお》りかかった父《ちち》まで、

「アンネ！　返《かえ》しなさい。おまえがそんなことをされたら、すぐに文句《もんく》を言《い》うだろう！」

と、どなりつけたのです。アンネはぎょっとしました。

（パパが理由《りゆう》も聞《き》かずに、わたしをしかった！　マルゴーの肩《かた》をもった！）

ショックを受《う》けたアンネは、父《ちち》にはげしい不信感《ふしんかん》をいだき、傷《きず》ついた心《こころ》の内《うち》を日記《にっき》にさんざんうったえました。

心《こころ》の安定《あんてい》をうしなったアンネは、それから毎日《まいにち》のように、悪夢《あくむ》にうなされます。

自分《じぶん》が地下室《ちかしつ》にとじこめられる夢《ゆめ》、ハンネリが亡霊《ぼうれい》のように立《た》っている夢《ゆめ》……。

アンネばかりでなく、隠《かく》れ家《が》の人《ひと》たちだれもが、長引《ながび》く隠《かく》れ家生活《がせいかつ》につかれてきた

ようです。だれもが、つい外《そと》をのぞきたがるようになり、かわりばんこにほかの人《ひと》から非難《ひなん》され、これがまたいさかいのもとになるのです。

同《おな》じころ、ベップさんは家族《かぞく》がジフテリアにかかって、6週間《しゅうかん》も隔離《かくり》されることになりました。クレイマンさんもまた胃《い》の調子《ちょうし》が悪《わる》く、ねこんでいます。隠《かく》れ家《が》の人《ひと》たちにも支援者《しえんしゃ》たちにも、ことさらきびしい冬《ふゆ》が始《はじ》まりました。

それでも12月《がつ》5日《いつか》の日曜日《にちようび》には、ふたたび聖《せい》ニコラス祭《さい》がやってきます。

去年《きょねん》の楽《たの》しさがわすれられないアンネは、すこしまえから父《ちち》と相談《そうだん》して、今年《ことし》も自分《じぶん》たちなりのお祭《まつ》りをすることにしました。当日《とうじつ》の夜《よる》、アンネは茶色《ちゃいろ》の包装《ほうそう》紙《し》をかぶせた、大《おお》きな洗濯《せんたく》バスケットをささげもつ父《ちち》とともに、隠《かく》れ家《が》のほかの人《ひと》たちが待《ま》つ4階《かい》へ上《あ》がっていきました。茶色《ちゃいろ》の包装《ほうそう》紙《し》は切《き》り紙《がみ》の人形《にんぎょう》や、ピンクと青《あお》のカーボン紙《し》を細《ほそ》く切《き》ってつくったリボンできれいにかざられ、いちばん上《うえ》に、1通《つう》の手紙《てがみ》を入《い》れた封筒《ふうとう》がのっています。大《おお》きなバスケットの中《なか》には、いったい、どんなプレゼントが？

目《め》をかがやかすみんなの前《まえ》で、アンネが封筒《ふうとう》をとりあげ、手紙《てがみ》を読《よ》みあげました。

今年《ことし》も聖《せい》ニコラウスの日《ひ》がやってきました。（中略《ちゅうりゃく》）
でもあげられるものはなにもないので、
べつの贈《おく》り物《もの》を思《おも》いつきました。
どうかみなさん、めいめいの靴《くつ》のなかを見《み》てください。
（1943年《ねん》12月6日《がつむいか》）

隠《かく》れ家《が》の人《ひと》たちは、バスケットから自分《じぶん》の靴《くつ》の片方《かたほう》をとりだしました。どの靴《くつ》の中《なか》にも、きれいに包装《ほうそう》された小《ちい》さな包《つつ》みが入《はい》っています。

さて、その中身《なかみ》は？　そう！　アンネが1週間《しゅうかん》かけて、ひとりひとりのために書《か》いたメッセージ・カードだったのです。みんなの間《あいだ》に、大《おお》きな笑《わら》いがはじけました。

それから20日《はつか》あまり。12月《がつ》25日《にち》には、支援者《しえんしゃ》からアンネたち全員《ぜんいん》へ、クリスマスプレゼントがありました。

支援者《しえんしゃ》たちが材料費《ざいりょうひ》を出《だ》しあい、ミープさんが、チョコレートで「平和《へいわ》1944」と書《か》いたすばらしいクリスマスケーキを、ベップさんがあまい上等《じょうとう》なクッキーを500グラムも焼《や》いてとどけてくれたのです。ほかにも、ペーターとマルゴーとアンネにはヨーグルト1《ひと》びんずつ。大人《おとな》たちにはビール1本《ぽん》ずつ、どれも、きれいに包装《ほうそう》されていました。アンネたちはお返《かえ》しに、朝食《ちょうしょく》のオートミールに入《い》れる分《ぶん》を節約《せつやく》してとっておいたお砂糖《さとう》で、クリスマスの砂糖菓子《さとうがし》をつくることにしました。

アンネが、聖《せい》ニコラス祭《さい》の直後《ちょくご》にかかった流感《りゅうかん》（インフルエンザ）も、これですっかりよくなりました。

クレイマンさんも体調《たいちょう》が快復《かいふく》し、会社《かいしゃ》に出《で》られるようになりました。

新《あたら》しい年《とし》、1944年《ねん》は、なんとかぶじに明《あ》けました。

戦況《せんきょう》は動《うご》かず、隠《かく》れ家《が》の大人《おとな》たちは、また神経質《しんけいしつ》になっていきます。

アンネは、日記《にっき》を書《か》きつづけました。

日記《にっき》に向《む》かえば、気持《きも》ちが落《お》ちつくことを知《し》っていたからです。

でも、やはり日記《にっき》は紙《かみ》にすぎません。
いくらしんぼう強《づよ》くても、紙《かみ》は紙《かみ》。
だれかと話《はな》したい。同年代《どうねんだい》の人間《にんげん》と話《はな》したいと、アンネは思《おも》うようになりました。
そしてすぐ近《ちか》くに、同《おな》じ気持《きも》ちの人《ひと》が、もうひとりいると気《き》づいたのです。

5 つかのまの春《はる》

ペーター

それは、とても不思議《ふしぎ》なきっかけで始《はじ》まりました。

1944年《ねん》が明《あ》けてすぐ、アンネは夢《ゆめ》を見《み》たのです。ユダヤ人学校《じんがっこう》であこがれていた男《おとこ》の子《こ》とキスする夢《ゆめ》を。普通《ふつう》に学校《がっこう》に行《い》っていれば、女《おんな》の子《こ》の友《とも》だちに打《う》ちあけたり、親《おや》には秘密《ひみつ》の情報交換《じょうほうこうかん》もできたことでしょう。でもこの隠《かく》れ家《が》ではむりな話《はなし》です。マルゴーはいますが、友《とも》だちとはまた別《べつ》です。

（それにマルゴーは、ママのお気《き》に入《い》りの優等生《ゆうとうせい》だし……。）

アンネはそのとき、自分《じぶん》がひとりぼっちだと、つくづく感《かん》じました。

うつうつとした気持《きも》ちが、数週間《すうしゅうかん》つづきました。

そんな、ある日曜《にちよう》の夕方《ゆうがた》。

ふと見《み》ると、ペーターがねこをかかえて、倉庫《そうこ》へおりていきます。

(あ! もしかして……)

アンネは急《いそ》いで、そのあとを追《お》いました。

倉庫《そうこ》のおくでペーターは、ねこを梱包用《こんぽうよう》のはかりに乗《の》せ、体重測定《たいじゅうそくてい》をしていました。

ソックスをはいたような足《あし》。これはムッシーではありません。

「モッフィーね!」

「そう。こいつが、例《れい》の屋根裏《やねうら》の住民《じゅうみん》。やっとつかまえたよ。」

モッフィーのことは、アンネとペーターとマルゴーの間《あいだ》で、よく話題《わだい》になるのですが、すばしこくて、ペーター以外《いがい》にはなつかず、アンネはめったに姿《すがた》を見《み》たことがありません。

「で、雄《おす》だか、雌《めす》だか、わかる?」

「もちろん、雄《おす》さ。ほらね。これが雄《おす》の生殖器《せいしょくき》。」

さらりと言《い》って、ねこの下腹部《かふくぶ》を指《ゆび》さしました。

普通《ふつう》の人《ひと》なら、たいていは口《くち》ごもるようなことを、なんのためらいもなく、ごくあたりまえに言《い》ったのです。

アンネは、これですっかり気《き》が楽《らく》になりました。

(この子《こ》になら、なんでも話《はな》せそう!)

でも相手《あいて》が、自分《じぶん》をどう思《おも》っているかは、まったくわかりません。

アンネは、ペーターがマルゴーと、いつも仲《なか》よく話《はな》しているのを思《おも》いだしました。

(おとなしい子《こ》は、おとなしい優等生《ゆうとうせい》がすき?)

アンネは不安《ふあん》をおしかくし、

「寒《さむ》いわね。」

と言《い》ってみました。ねこがペーターの手《て》の中《なか》で、くるりと回転《かいてん》して立《た》ちあがります。

「じゃ、あがろうか。こいつもそろそろ、屋根裏《やねうら》に帰《かえ》してやらないとね。」

ペーターはねこのモッフィーをだきかかえ、さっさと歩《ある》きだしました。

(あんまり、そっけないじゃない！　もしかして——わたしをきらい？)

ペーターは、アンネを先《さき》に立《た》てて階段《かいだん》をのぼり、からくりドアから隠《かく》れ家《が》に入《はい》ると、

「じゃあね、お休《やす》み。」

4階《かい》への階段《かいだん》をあがっていきました。

アンネは、なんだかとりのこされたような気持《きも》ちで部屋《へや》にもどると、

「やっぱりだめよ。」

と、自分《じぶん》に言《い》いきかせます。ところが翌日《よくじつ》の朝食《ちょうしょく》になると、

(ペーターが、わたしを見《み》てる。しかも目《め》が合《あ》うと、かならず見返《みかえ》してくれる！)

アンネはすっかりうれしくなって、なにか口《くち》をきくきっかけをつかもうとします。

1週間《しゅうかん》もしないうちに、ペーターはなにかと口実《こうじつ》を見《み》つけて、フランク家《け》の3階《がい》へ来《き》たがり、アンネは寒《さむ》い屋根裏部屋《やねうらべや》への用事《ようじ》をよろこんで引《ひ》きうけるようになりまし

た。屋根裏部屋《やねうらべや》へのぼるには、かならずペーターの部屋《へや》を通《とお》るからです。そんなある日《ひ》、

「なにを勉強《べんきょう》しているの？」

アンネが屋根裏部屋《やねうらべや》からじゃがいもをとってきた帰《かえ》りに、声《こえ》をかけると、

「フランス語《ご》。君《きみ》のパパから宿題《しゅくだい》が出《で》てるんだけどさ。わからなくて。」

と、ペーターは答《こた》えました。

「ちょっと見《み》せて。」

アンネはペーターの机《つくえ》のそばに行《い》き、ふたりはしぜんとおしゃべりを始《はじ》めました。

「君《きみ》んちは、教育熱心《きょういくねっしん》だよね。うちは、ぜんぜん、ちがう。」

ペーターはため息《いき》をつきました。

「そうなの？」

「うちの親《おや》はおたがいに夢中《むちゅう》でさ。息子《むすこ》のぼくのことなんか、気《き》にもしてないよ。」

「そうねえ。よくけんかしているけど、すぐ仲直《なかなお》りするもんね。恋人《こいびと》ご夫婦《ふうふ》なん

だ！」

「はずかしいよ。君《きみ》んちみたいに、なかよしで、上品《じょうひん》な家《いえ》がいい。」

「あのね、うちの親《おや》は、家族《かぞく》４人《にん》はいつも、くっついているのが当然《とうぜん》だと思《おも》ってるのよ！　うっとうしいわよ。子《こ》どもが大人《おとな》になることをみとめないんだから。」

「ふーん、そうなんだ……。わかる気《き》もするけどね。」

アンネはペーターともっともっと、おしゃべりをしたいと思《おも》いました。けれども、

「アンネ！　ペーターのじゃまをしてはいけませんよ。」

階下《かいか》から母《はは》の心配《しんぱい》そうな声《こえ》が聞《き》こえます。

（あーあ、またママの心配性《しんぱいしょう》とおせっかいが始《はじ》まった！）

アンネはため息《いき》をつきながらも、すばやく、

「じゃ、つづきは明日《あした》の屋根裏《やねうら》ね！」

とすばやくささやき、次《つぎ》の約束《やくそく》をとりつけました。

春《はる》の芽生《めば》え

こうしてふたりはしょっちゅう、屋根裏部屋《やねうらべや》で話《はなし》をするようになりました。

新聞《しんぶん》では、ドイツ軍《ぐん》のロンメル元帥《げんすい》がさかんに、

「仮《かり》に連合軍《れんごうぐん》がオランダに上陸《じょうりく》するなら、わがほうは、洪水作戦《こうずいさくせん》にふみきることもありうるであろう。アムステルダムの大半《たいはん》は、そのなかに入《はい》るはずである。」

と威嚇《いかく》しつづけます。

「連合軍《れんごうぐん》は、いつ上陸《じょうりく》するんだ！　いや、ほんとうにやってくるのかね？」

アメリカ、イギリス、カナダの連合軍《れんごうぐん》による大規模《だいきぼ》な上陸作戦《じょうりくさくせん》があるといううわさが広《ひろ》まり、みんなが待《ま》ちのぞんでいました。しかし、実際《じっさい》に始《はじ》まったというニュースはまったく入《はい》ってきません。

アムステルダムの食料事情《しょくりょうじじょう》はますます悪《わる》くなり、隠《かく》れ家《が》のフランク夫妻《ふさい》とファン・

ペルス夫妻《ふさい》は、備蓄《びちく》の缶詰《かんづめ》を開《あ》けるべきかどうかで大議論《だいぎろん》を始《はじ》めます。

毎晩《まいばん》の空襲《くうしゅう》で、みんなが寝不足《ねぶそく》になやまされていました。

けれども、アンネは不思議《ふしぎ》とみたされた気分《きぶん》でした。

16歳《さい》のペーター・ファン・ペルスは、アンネが中学校《ちゅうがっこう》で、好《この》んでつきあっていたような秀才《しゅうさい》ではありません。口《くち》べたですが、正直《しょうじき》で、気持《きも》ちの温《あたた》かい少年《しょうねん》です。

これが恋《こい》かどうか、アンネにはまだわかりません。

それでも、安心《あんしん》して心《こころ》の内《うち》を話《はな》しあえる友《とも》だちができたのは、たしかでした。

ペーターとふたりでおしゃべりをするようになってから、冬《ふゆ》の荒野《こうや》のようだったアンネの心《こころ》が、温《あたた》かくふくらんできました。すると、あれほど反発《はんぱつ》していた大人《おとな》たちのことを、すこしずつ広《ひろ》い気持《きも》ちで見《み》られるようになったのです。

すぐ、ピリピリする母《はは》のことさえ、

（かわいそうに。いままでずっと耐《た》えてきたけど、もうがまんできなくなったのね。）

と思《おも》えるようになりました。

わたしは思《おも》います——わたしのなかには春《はる》がいて、それがめざめかけているのだと。

（1944年《ねん》2月《がつ》12日《にち》）

アンネは、日記《にっき》にこう報告《ほうこく》しました。

とはいえ、アンネにはひとつ、心配《しんぱい》なことがありました。

（もしかして、マルゴーがペーターをすきだったらどうしよう？　わたしがペーターを横取《よこど》りしちゃったとしたら？）

ペーターも大事《だいじ》ですが、なによりも、愛《あい》する姉《あね》を悲《かな》しませるわけにはいきません。

アンネは、マルゴーに率直《そっちょく》に聞《き》いてみました。

するとマルゴーは、そんなふうに思《おも》わなくていいと言《い》ってくれて、そのあと、

〝ペーターのことはなんとも思《おも》っていません。気《き》がねは無用《むよう》よ。なんでも話《はな》しあえる相手《あいて》が見《み》つかるなんて、うらやましいわ。〟

と、心《こころ》のこもった手紙《てがみ》をくれたのです。

アンネはその言葉《ことば》に安心《あんしん》して、ほぼ毎日《まいにち》、ペーターと屋根裏部屋《やねうらべや》に行《い》くようになり

ました。

閉《し》まった大《おお》きなガラス窓《まど》の向《む》こうには、すっかり葉《は》を落《お》とした枝《えだ》がひそかに芽《め》ぶきはじめた、マロニエの木《き》。その向《む》こうにはアムステルダムの街並《まちな》み。そのまた向《む》こうには、早春《そうしゅん》の青《あお》い空《そら》と海《うみ》。

アンネとペーターは、ふたりならんで、この美《うつく》しい景色《けしき》を見《み》られる幸《しあわ》せをかみしめていました。

アンネの母《はは》は、ふたりのふるまいに、はらはらしています。

それでも父《ちち》は、いままでどおり、ペーターに勉強《べんきょう》を教《おし》えつづけました。

いまやドイツ軍《ぐん》はヨーロッパ各地《かくち》を荒《あ》らしまくりながら撤退中《てったいちゅう》です。

占領下《せんりょうか》のアムステルダムでも、おそろしい勢《いきお》いで、最後《さいご》のユダヤ人狩《じんが》りが行《おこな》われていました。ミープさんはひどい風邪《かぜ》、クレイマンさんはまた胃《い》から出血《しゅっけつ》して苦《くる》しんでいます。3月《がつ》に入《はい》ると、ミープさんの知《し》り合《あ》いの1軒《けん》の八百屋《やおや》さんが、ユダヤ人《じん》を助《たす》けたという理由《りゆう》でナチスに引《ひ》ったてられていきました。ふさぎこむアンネを、ペー

ターは、

「アンネ、わらってごらんよ。君《きみ》のえくぼが見《み》たいんだよ。」

とはげましました。アンネはペーターのやさしさに打《う》たれます。

それでも気持《きも》ちは、なかなか上向《うわむ》きません。

すると1944年《ねん》3月《がつ》28日《にち》、ラジオ・オラーニュの放送《ほうそう》で、亡命《ぼうめい》オランダ政府《せいふ》の大臣《だいじん》が、この戦争《せんそう》が終《お》わったら、戦時中《せんじちゅう》の国民《こくみん》の日記《にっき》や手紙《てがみ》や体験記《たいけんき》などを集《あつ》めて出版《しゅっぱん》したいと発表《はっぴょう》したのです。

「アンネは日記《にっき》をつけているんじゃない?」

「ぜひ応募《おうぼ》なさいな。」

ファン・ペルス夫人《ふじん》と母《はは》エーディトが、めずらしくも仲《なか》よく言《い》いだしました。

「ええ。やるわ。」

いつかは作家《さっか》か女優《じょゆう》になりたいと思《おも》っていたアンネは、目《め》をかがやかせました。

かわいいチェック柄《がら》の表紙《ひょうし》の日記帳《にっきちょう》は最後《さいご》のページまで使《つか》いきり、いまはミープさんやベップさんが集《あつ》めてマルゴーがとじてくれた紙束《かみたば》に、書《か》きつがれています。

（もし、この日記《にっき》をもとにして、おもしろい物語《ものがたり》が書《か》けたら――。）

部屋《へや》に引《ひ》きあげ、過去《かこ》1年半分《ねんはんぶん》の日記《にっき》を読《よ》みなおしてみると、びっくりしました。

日記《にっき》には、母《はは》へのあまりにも過激《かげき》な批判《ひはん》や悪口《わるくち》があちこちに書《か》かれていたのです。

（わたしは、なんて子《こ》どもだったんだろう！）

アンネは登場《とうじょう》する隠《かく》れ家《が》の人《ひと》たちの名前《なまえ》を、自分《じぶん》を除《のぞ》いて全員別名《ぜんいんべつめい》にかえて、日記《にっき》を清書《せいしょ》しはじめました。

この日記《にっき》を物語《ものがたり》にして応募《おうぼ》するなら――『隠《かく》れ家《が》』にしようと、とアンネは決《き》めました。一見《いっけん》、推理小説《すいりしょうせつ》みたいで、読者《どくしゃ》の目《め》を引《ひ》きそうだから。

でもそこに書《か》かれているのは、戦争《せんそう》の悲惨《ひさん》さ。

空襲《くうしゅう》がどれほどおそろしいものか。

350機《き》の軍用機《ぐんようき》が500トンもの爆弾《ばくだん》を落《お》とすと、家《いえ》がどんなふうにゆれるか。

町《まち》にはさまざまな伝染病《でんせんびょう》がはびこり、行列《ぎょうれつ》しなければ買《か》い物《もの》もできないこと。

お医者《いしゃ》さんたちは、車《くるま》や自転車《じてんしゃ》がぬすまれるのがこわくて、往診《おうしん》にも行《い》けないこと。

ぬすみやかっぱらいが毎日《まいにち》のように起《お》こり、10歳《さい》にもならない子《こ》どもが、他人《たにん》の家《いえ》のガラス窓《まど》をやぶっておしいり、手当《てあ》たりしだいにぬすみまくること。

町角《まちかど》ごとにあった公衆電話《こうしゅうでんわ》はばらばらにされ、影《かげ》も形《かたち》もなくなったこと……。

（でも、戦後《せんご》10年《ねん》もたてば、だれもそんな話《はなし》、本気《ほんき》にしないかもしれないわ。）

アンネはため息《いき》をつき、

「それにしても、なぜ人間《にんげん》は戦争《せんそう》をするの？　なぜ、こんな破壊《はかい》がつづけられるの？」

と、つぶやかずにはいられませんでした。同時《どうじ》に、

（戦争《せんそう》の責任《せきにん》は、政治家《せいじか》や資本家《しほんか》だけにあるんじゃない。わたしたち名《な》もない一般《いっぱん》の市民《しみん》にもあるの。だれだってほんとうは、戦争《せんそう》なんかしたくないのよ。みんなで声《こえ》をあげて、そう言《い》えば、戦争《せんそう》なんか起《お》こらないはずなのに。）

と、つくづく思《おも》ったのです。そして、

（もし、わたしの日記《にっき》が注目《ちゅうもく》されて、有名《ゆうめい》な作家《さっか》になれたら、そのことを世界《せかい》に向《む》けて言《い》おう。そして、自分《じぶん》の作品《さくひん》で、多《おお》くの人《ひと》を幸《しあわ》せにしよう。戦争《せんそう》のない世界《せかい》をつくるためにつくしたい。）

と、決意《けつい》しました。

気《き》がつけば、外《そと》の光《ひかり》はさらに強《つよ》くなり、屋根裏部屋《やねうらべや》の窓《まど》から見《み》えるマロニエの木《き》に小《ちい》さな葉《は》がつくようになりました。やがて1944年《ねん》も4月《がつ》に入《はい》り、ソ連軍《れんぐん》がポーランド国境《こっきょう》まで進軍《しんぐん》すると、隠《かく》れ家《が》の雰囲気《ふんいき》は一気《いっき》にはなやぎました。

「ドイツが、とつぜん独《どく》ソ不可侵条約《ふかしんじょうやく》をやぶってから、そろそろ3年《ねん》になるかね。」

「ヒトラーにうらぎられたソ連《れん》が、がんばってもりかえしたか。」

アンネの耳《みみ》に、父《ちち》とファン・ペルスさんがうれしそうに話《はな》すのが聞《き》こえました。

大人《おとな》たちはごきげんで、アンネとペーターの仲《なか》をとやかく言《い》うのもわすれているようです。アンネはペーターとの関係《かんけい》をもう一歩《いっぽ》進《すす》めたい――ペーターにキスしてほしいと、切実《せつじつ》にねがうようになります。夜《よる》ねるまえには、念入《ねんい》りに髪《かみ》をまき、指《ゆび》にマニキュアをし、顔《かお》のうぶ毛《げ》をオキシフルで漂白《ひょうはく》し、目《め》をとじて祈《いの》りました。

「一日《いちにち》も早《はや》く、その日《ひ》が来《き》ますように。」

もうすぐ15歳《さい》になるアンネははげしい恋《こい》の渦《うず》にのみこまれようとしています。

同《おな》じころ、隠《かく》れ家《が》には、おそろしい事件《じけん》が近《ちか》づいていました。

隠《かく》れ家《が》、危機一髪《ききいっぱつ》

1944年《ねん》4月9日《がつここのか》、日曜日《にちようび》の夜《よる》9時半《じはん》ごろ。

倉庫《そうこ》に泥棒《どろぼう》が入《はい》ったのです。

隠《かく》れ家《が》ではそれまで何度《なんど》か、泥棒《どろぼう》さわぎがありました。しかしどの場合《ばあい》も、まちがいだったり、みんながねむっている真夜中《まよなか》だったりで、犯人《はんにん》たちと鉢合《はちあ》わせすることはありませんでした。

ところが今回《こんかい》は、ペーターが物音《ものおと》に気《き》づき、1階《かい》の倉庫《そうこ》へおりていったところ、ドアがやぶられる現場《げんば》を見《み》てしまったのです。

ペーターから報告《ほうこく》を受《う》けたオットーは、さっそく、ファン・ペルスさんとデュッセルさんを招集《しょうしゅう》。男性《だんせい》4人《にん》で足音《あしおと》をひそめて倉庫《そうこ》にかけおりました。泥棒《どろぼう》たちは、犯行《はんこう》のまっ最中《さいちゅう》です。けれども、倉庫《そうこ》の暗闇《くらやみ》の中《なか》でファン・ペルスさんが、

「警察《けいさつ》だ！」

とさけんだとたん、こそこそとにげだしました。

「このままだと、警察《けいさつ》の目《め》にとまるんじゃないかな。」

デュッセルさんがつぶやき、男性《だんせい》たちはドアの応急修理《おうきゅうしゅうり》をはじめました。

するとそこへ、1組《ひとくみ》の夫婦《ふうふ》が通《とお》りかかったのです。夫婦《ふうふ》は懐中電灯《かいちゅうでんとう》で、倉庫《そうこ》の中《なか》をてらしだします。隠《かく》れ家《が》の男性《だんせい》4人《にん》は、あわてて暗《くら》いすみに身《み》をかくし、そのまま足《あし》音《おと》をしのばせて2階《かい》にかけあがりました。

「いまの夫婦《ふうふ》が警官《けいかん》をよぶかも知《し》れない！」

オットーの言葉《ことば》に、ペーターが社長室《しゃちょうしつ》のドアや窓《まど》を開《あ》けはなち、電話機《でんわき》を床《ゆか》に落《お》とし、せいいっぱい、会社《かいしゃ》の事務室《じむしつ》が泥棒《どろぼう》に荒《あ》らされたように見《み》せかけます。

オットーたちが、秘密《ひみつ》の入《い》り口《ぐち》から隠《かく》れ家《が》にもどると、女性《じょせい》4人《にん》が集《あつ》まっている4階《かい》はまっ暗《くら》。ファン・ペルス夫人《ふじん》があわてて電灯《でんとう》を消《け》してしまったのです。

オットーとファン・ペルスさんが、代《か》わる代《が》わる、秘密《ひみつ》の入《い》り口《ぐち》までようすを見《み》にいきました。何回《なんかい》かは、なにごともなくもどってきました。ところが11時《じ》ごろ。

「もうだいじょうぶかな。」

オットーがつぶやいたとたん、階下《かいか》で人《ひと》の気配《けはい》がしてくつ音《おと》が聞《き》こえたのです。足音《あしおと》は2階《かい》の社長室《しゃちょうしつ》から会社《かいしゃ》のキッチンへ。さらに階段《かいだん》をのぼって、秘密《ひみつ》の入《い》り口《ぐち》の前《まえ》で止《と》まりました。どうやら警官《けいかん》のようです。

本棚《ほんだな》に見《み》せかけたからくりドアが、がたがたゆすられる音《おと》！

「もうおしまいよ。」

と、アンネはささやきました。これで隠《かく》れ家《が》住人全員《じゅうにんぜんいん》と支援者《しえんしゃ》も全員《ぜんいん》、ナチスに連行《れんこう》されることになると覚悟《かくご》を決《き》めたのです。

ところがそれきり、足音《あしおと》は遠《とお》ざかっていきました。

（助《たす》かった！）

8人《にん》はいっせいに胸《むね》をなでおろしました。

とはいえ、オットーが見《み》にいくと、からくりドアの前《まえ》の明《あ》かりがついたまま。警官《けいかん》が消《け》しわすれたのか？　それとも警官《けいかん》が、からくりドアのしくみを知《し》り、アンネたちを逮捕《たいほ》するために、外《そと》でようすをうかがっているのか？

8人《にん》は隠《かく》れ家《が》の4階《かい》でふるえあがりました。

この日《ひ》は日曜日《にちようび》。復活祭《ふっかつさい》の連休《れんきゅう》で、翌日《よくじつ》も会社《かいしゃ》は休《やす》みです。でも、いつ警官《けいかん》が入《はい》ってくるかわかりません。隠《かく》れ家《が》の8人《にん》は、連休明《れんきゅうあ》けの火曜日《かようび》に、支援者《しえんしゃ》のだれかが警《けい》察《さつ》に連絡《れんらく》して一件落着《いっけんらくちゃく》するまで、1日半《にちはん》、音《おと》も立《た》てられず、食事《しょくじ》もできず、トイレも使《つか》えず、すわりこんで待《ま》たなければなりません。

寒《さむ》さとショックでおなかをこわす人《ひと》が続出《ぞくしゅつ》します。

おまるもバケツもないので、ペーターのごみ入《い》れでつぎつぎと用《よう》を足《た》しました。室内《しつない》は汚臭《おしゅう》にみち、ファン・ペルス夫人《ふじん》があわてて、におい消《け》しの塩素処理剤《えんそしょりざい》を上《うえ》からまき、ふきんをかぶせます。

「いちおう、横《よこ》になって、体《からだ》を休《やす》めよう。」

と、オットーが言《い》いました。

アンネが寒《さむ》いとうったえると、セーターだのズボンだのがどんどん、手《て》わたされてきます。

警官《けいかん》がふみこんできたら、どうなるだろうと、アンネは予想《よそう》しました。

もちろん、かくれていたことを正直《しょうじき》に白状《はくじょう》するしかありません。

その場合《ばあい》、ユダヤ人《じん》に好意的《こういてき》な警官《けいかん》なら、見《み》のがしてもらえるかもしれません。

ナチスなら、お金《かね》で買収《ばいしゅう》することを考《かんが》えなくては。

「残念《ざんねん》だが、ラジオはもやそう。」

と、ファン・ペルスさんがつぶやきました。

すこしまえから、オランダ人《じん》も、ラジオを持《も》つことを禁《きん》じられていたからです。

「アンネの日記帳《にっきちょう》も、見《み》つかるとまずいな。」

オットーが言《い》うと、

「そんなあぶないもの、すぐにもやしちゃって！」

と、ファン・ペルス夫人《ふじん》が金切《かなき》り声《ごえ》をあげました。ついこのあいだは、日記《にっき》を出版《しゅっぱん》したらと言《い》っていたくせに……。

「いやよ！　日記《にっき》を焼《や》くなら、わたしもいっしょにもやして！」

アンネは必死《ひっし》でさからいました。

やがて、朝日《あさひ》がさすとアンネはペーターのそばに行《い》き、ぴったりよりそってすわりました。まだ月曜日《げつようび》ですが、大人《おとな》たちは、7時《じ》になったらクレイマンさんに電話《でんわ》をかけることに決《き》めました。もし、からくりドアの前《まえ》や倉庫《そうこ》の中《なか》にのこっている警官《けいかん》がいたら、電話《でんわ》の声《こえ》を聞《き》きつけられるかもしれません。けれども、警官《けいかん》がまたやってくるまえに、クレイマンさんに、助《たす》けをもとめたほうがいいということになったのです。

クレイマンさんとの電話《でんわ》はぶじ通《つう》じ、オットーがたのんだとおり、ヤンさんとミープさん夫妻《ふさい》が、鍵《かぎ》を開《あ》けて入《はい》ってきました。8人《にん》はとびあがって、ふたりを歓迎《かんげい》しました。

「倉庫《そうこ》のドアの下《した》に、こんなメモが入《はい》っていましたよ。」

ミープさんが言《い》うと、オットーにわたしました。

〝泥棒《どろぼう》が入《はい》りました。警察《けいさつ》にとどけずみ〟

町全体《まちぜんたい》でたのんでいる巡回夜警員《じゅんかいやけいいん》が入《い》れてくれたものです。

それからすぐヤンさんが、警察《けいさつ》に盗難届《とうなんとどけ》を出《だ》しにいきました。

帰《かえ》ってきたヤンさんは、こう言《い》いました。

「そこの八百屋《やおや》の前《まえ》を通《とお》ったら、ご主人《しゅじん》が、おたく、ゆうべ泥棒《どろぼう》に入《はい》られたでしょ、と言《い》うんですよ。奥《おく》さんと散歩《さんぽ》していたら見《み》かけたんだそうです。八百屋《やおや》さんが懐中電灯《かいちゅうでんとう》で倉庫《そうこ》の中《なか》をてらしたら、泥棒《どろぼう》はにげていった。警察《けいさつ》には通報《つうほう》しなかった。ふだんから見《み》てると、なんだかなにかわけがありそうだから、って。」

八百屋《やおや》さんは、ここにユダヤ人《じん》がかくれすんでいることを、感《かん》づいていたのです。それでもミープさんが行《い》けば、だまって大量《たいりょう》の野菜《やさい》を売《う》り、わざと会社《かいしゃ》のお昼休《ひるやす》みをねらって、そっと配達《はいたつ》までしてくれています。アンネは心《こころ》から感謝《かんしゃ》しました。

汚物《おぶつ》でいっぱいになったバケツは、オットーとペーターが中身《なかみ》をトイレにすて、水《みず》できれいに洗《あら》ったあとで、お湯《ゆ》と塩素剤《えんそざい》で消毒《しょうどく》しました。

そのあとすぐ、アンネたちは各自《かくじ》の部屋《へや》へ帰《かえ》り、着替《きが》えをして、さっぱりすると、やっと安心《あんしん》して、軽食《けいしょく》を口《くち》にしました。

お休《やす》みが明《あ》け、会社《かいしゃ》が始《はじ》まると、隠《かく》れ家《が》の8人《にん》は、クーフレルさんから不注意《ふちゅうい》だと責《せ》められました。ヤンさんからは、おとなりの会社《かいしゃ》の人《ひと》が不審《ふしん》がっているので、今《こん》後《ご》、ペーターの部屋《へや》の窓《まど》は開《あ》けないこと、夜《よる》はぜったい下《した》に行《い》くなと言《い》われました。

9時半以降《じはんいこう》は、トイレの水《みず》を流《なが》さないことに決《き》まりました。ペーターが、毎晩《まいばん》2回《かい》、隠《かく》れ家中《がじゅう》の見回《みまわ》りをし、会社《かいしゃ》でも専属《せんぞく》の夜警員《やけいいん》をやとうことになりました。

「でも夜警員《やけいいん》の犬《いぬ》が、あたしたちの気配《けはい》を嗅《か》ぎつけて吠《ほ》えたら？」

ファン・ペルス夫人《ふじん》が頭《あたま》をかかえてふるえだし、ファン・ペルス氏《し》にだきついて泣《な》きだします。デュッセルさんはその晩《ばん》から、もっとも見《み》つかりにくそうな洗面所《せんめんじょ》にこもって本《ほん》を読《よ》むようになりました。

今回《こんかい》の事件《じけん》でアンネは、自分《じぶん》たちがこの世《よ》から身《み》をひそめている人間《にんげん》なのだと、あらためて思《おも》いしらされました。

ミープさんたち支援者《しえんしゃ》のおかげで、なるべく普通《ふつう》に近《ちか》い生活《せいかつ》をさせてもらっているものの、自分《じぶん》たちは、くさりにつながれた囚人《しゅうじん》とかわりないのだと。

（ユダヤ人《じん》だからというだけで、なぜ、こんな目《め》にあわなければならないの？）

アンネは自分《じぶん》に問《と》いかけ、ふと、いつか父《ちち》から聞《き》いた言葉《ことば》を思《おも》いだしました。

——ユダヤ人《じん》は神《かみ》からえらばれた民族《みんぞく》なんだよ。

もしそれがほんとうなら、神《かみ》はユダヤ人《じん》に、苦難《くなん》と同時《どうじ》にそれをのりこえる力《ちから》と機《き》会《かい》をあたえてくださったにちがいないと、アンネは思《おも》いました。だからこそ神《かみ》は、今《こん》度《ど》の事件《じけん》でも、この隠《かく》れ家《が》の住民《じゅうみん》をナチスの追及《ついきゅう》からすくってくださった──えらばれし民《たみ》よ、この苦境《くきょう》をのりこえて前《まえ》に進《すす》め、とおっしゃるために、と。

アンネがユダヤの神《かみ》を深《ふか》く信《しん》じ、自分《じぶん》がユダヤ人《じん》であることをほこりに思《おも》うようになったのは、まさしくこのときからでした、そして、このいまわしい戦争《せんそう》が終《お》わったら、

いつかはきっとわたしたちがただのユダヤ人《じん》ではなく、一個《こ》の人間《にんげん》となれる日《ひ》がくるはずです。

（1944年《ねん》4月《がつ》11日《にち》）

と、日記《にっき》に書《か》きます。

大《おお》さわぎはやがておさまり、隠《かく》れ家《が》にも平常《へいじょう》な日々《ひび》がもどってきました。渦《うず》のまんなかで一瞬《いっしゅん》止《と》まっていたアンネの恋《こい》が、ふたたび動《うご》きだしたのです。

はじめてのキス

1944年《ねん》4月《がつ》16日《にち》。アンネは日記《にっき》に報告《ほうこく》します。

きのうの日付《ひづ》けを覚《おぼ》えておいてください。わたしの一生《いっしょう》の、とても重要《じゅうよう》な日《ひ》ですから。もちろん、どんな女《おんな》の子《こ》にとっても、はじめてキスされた日《ひ》と言《い》えば、記《き》念《ねん》すべき日《ひ》でしょう？

（1944年《ねん》4月《がつ》16日《にち》）

その晩《ばん》8時《じ》ごろ、アンネは、ペーターの部屋《へや》をたずねました。

「こんばんは！　ペーター。」

うきうきとソファベッドのペーターの横《よこ》にすわったとたん、ペーターにぐっと引《ひ》きよせられたのです。次《つぎ》の瞬間《しゅんかん》、ペーターは、アンネの頭《あたま》をそっと肩《かた》にもたせかけ、その上《うえ》に自分《じぶん》の頭《あたま》をのせました。アンネは身《み》じろぎもせず、うっとりしながら、ペーターの手《て》がほおや腕《うで》や髪《かみ》にそっとふれていくのを感《かん》じていました。

ふたりは20分《ぷん》ばかり、そうしていたでしょうか。

やがてペーターは立《た》ちあがり、8時半《じはん》の見回《みまわ》りに出《で》るため、運動靴《うんどうぐつ》をはきました。そして、すばやくアンネにキスしたのです。髪《かみ》の上《うえ》から左《ひだり》のほお、つづいて左耳《ひだりみみ》に、とても軽《かる》く。アンネはびっくりして部屋《へや》へかけおりました。

アンネは有頂天《うちょうてん》になり、ペーターの部屋《へや》や屋根裏部屋《やねうらべや》で、毎日《まいにち》のようにいっしょにすごします。恋人《こいびと》の腕《うで》の中《なか》にいれば、どれほど静《しず》かで安《やす》らかな気持《きも》ちになれるか、ほおとほおがふれあうと、どんなふうに心《こころ》がときめくか。そして、自分《じぶん》を待《ま》っていてくれる人《ひと》がこの世《よ》にいるというのは、どれほど幸《しあわ》せなものか――アンネはペーターによって、それをすべて知《し》りました。そして、ペーターに夢中《むちゅう》になります。けれども同時《どうじ》に、いろいろな問題《もんだい》が出《で》てきました。

まず、ふたりのいまの関係《かんけい》を、おたがいの両親《りょうしん》に話《はな》すべきか？

そのまえに、ペーターはどう思《おも》っているのか？

（だいたい、これは本当《ほんとう》に恋《こい》なの？　もしかして、わたし、さびしさをまぎらわせたいだけじゃないの……？）

なやみはふえるばかりです。

アンネはもうすぐ15歳《さい》。ペーターは17歳《さい》。アンネの両親《りょうしん》は、婚約《こんやく》もしていないふたりが恋人《こいびと》のようなキスをかわすことをみとめはしないでしょう。とはいえ、こそこそするのはいやです。

「パパとママに話《はな》そうと思《おも》うの。どう？」

アンネはペーターに聞《き》いてみました。

「そうだね。そのほうがいい。」

ペーターの答《こた》えに、アンネはほっとしました。

ところが両親《りょうしん》の反応《はんのう》はびみょうでした。父《ちち》はまずおどろき、

「慎重《しんちょう》に。ペーターはいい子《こ》だが性格《せいかく》が弱《よわ》いよ。ここでは、失敗《しっぱい》したときの逃《に》げ場《ば》が

ないから。」

と忠告《ちゅうこく》し、母《はは》は、

「屋根裏《やねうら》へ行《い》ってはいけません！」

と、それだけ。やがて父《ちち》も、まだ10代《だい》のふたりに、恋人《こいびと》のような関係《かんけい》はふさわしくないと言《い》いだします。はらを立《た》てたアンネは、父《ちち》に手紙《てがみ》を書《か》き、

〝パパもママも最低《さいてい》！　わたしは一個《こ》の独立《どくりつ》した人間《にんげん》よ。勝手《かって》にさせて。〟

と猛烈《もうれつ》に抗議《こうぎ》します。やさしいマルゴーがとりもとうとしても、むだなことでした。

アンネはすきなとき、すきなように屋根裏《やねうら》でペーターと会《あ》いつづけます。けれども、いつしかふたりの気持《きも》ちがすれちがってきたのです。

ペーターが熱《ねつ》を上《あ》げるほど、アンネの気持《きも》ちはさめていきました。自分《じぶん》より優秀《ゆうしゅう》で、自分《じぶん》を引《ひ》っぱってくれるような男《おとこ》の子《こ》をもとめるアンネには、勉《べん》強《きょう》がきらいで、やさしいけれど、気《き》が弱《よわ》く、すぐ自分《じぶん》にたよってくるペーターを、しだいにものたりなく感《かん》じるようになったのかもしれません。春《はる》がすぎるとともに、ア

ンネのつかのまの恋《こい》も終《お》わりを告《つ》げました。それでも、アンネにとってペーターが大《だい》事《じ》な存在《そんざい》であることにかわりはありませんでした。それはペーターも同《おな》じことだったのです。

1944年《ねん》が明《あ》けてから、隠《かく》れ家《が》のフランク家《け》とファン・ペルス家《け》にはだんだんお金《かね》がなくなり、大人《おとな》たちは大事《だいじ》な宝飾品《ほうしょくひん》や毛皮《けがわ》のコートを手放《てばな》さなければならなくなっていました。

「いったい、いつになったら、連合軍《れんごうぐん》はやってくるの?」

エーディトが、いらだちをあらわに口《くち》にします。

そして、ついに1944年《ねん》6月6日《がつむいか》。待《ま》ちに待《ま》った連合軍《れんごうぐん》の「ノルマンディー上陸《じょうりく》作戦《さくせん》」が開始《かいし》されました。アメリカのアイゼンハワー将軍《しょうぐん》の指揮《しき》のもと、フランスのノルマンディー海岸《かいがん》に6000隻《せき》の艦隊《かんたい》、1万《まん》2000機《き》の軍機《ぐんき》によって、1日《にち》で15万《まん》6000人《にん》の兵士《へいし》を上陸《じょうりく》させ、ドイツ軍《ぐん》を一気《いっき》に撤退《てったい》させる大作戦《だいさくせん》です。ヤンさんたちがもってきた極秘情報《ごくひじょうほう》では、9月《がつ》には航空部隊《こうくうぶたい》がオランダ国内《こくない》の多《おお》くの橋《はし》を占拠《せんきょ》し、港湾施設《こうわんしせつ》を使用可能《しようかのう》にして、のりこんでくるとのことでした。

「もうだいじょうぶだ。オランダは解放《かいほう》される。」

ファン・ペルスさんは、みんなの手《て》をつぎつぎとにぎって大喜《おおよろこ》びです。

15歳《さい》の誕生日《たんじょうび》

1944年《ねん》6月《がつ》12日《にち》。アンネは15歳《さい》になりました。

隠《かく》れ家《が》の人《ひと》たちと支援者《しえんしゃ》たちは、お祭《まつ》り気分《きぶん》で、アンネにどっさりプレゼントを贈《おく》ってくれました。両親《りょうしん》からは5巻《かん》ものの美術書《びじゅつしょ》。植物《しょくぶつ》の本《ほん》。下着《したぎ》ひとそろい。ベルト2本《ほん》。ハンカチ1枚《まい》。ヨーグルトにジャムに、はちみつクッキー。マルゴーからは金《きん》メッキのブレスレット。ファン・ペルス夫妻《ふさい》からは本《ほん》、デュッセルさんからはききみょうな錠剤《じょうざい》とスイートピーの花《はな》。ミープさんとベップさんからは、キャンディやノート。クーフレルさんからは歴史《れきし》の本《ほん》とチーズ。濃《こ》いピンク色《いろ》の大《おお》きなしゃくやくの花束《はなたば》もあります。

「うわぁ！　すごい。これ、だれから？」

顔《かお》をかがやかせるアンネに、部屋《へや》のすみで、ペーターがそっと手《て》をあげました。

女《おんな》の子《こ》にプレゼントをあげたことがないペーターが、ミープさんにたのんで、やっと手《て》に入《い》れてもらった花束《はなたば》。ペーターからアンネへのはじめてのプレゼントでした。

終末《しゅうまつ》へ

1944年《ねん》6月《がつ》から7月《がつ》にかけて、連合軍《れんごうぐん》の進撃《しんげき》はつづきます。

隠《かく》れ家《が》は、希望《きぼう》とおだやかな空気《くうき》につつまれました。

そんなある日《ひ》、オットーの会社《かいしゃ》の社員《しゃいん》が出張先《しゅっちょうさき》の土地《とち》で、いちごを山《やま》ほど手《て》に入《い》れてきたのです。隠《かく》れ家《が》ではさっそく、全員《ぜんいん》でいちごジャムをつくることにしました。

まずはオットーやペーターたち男性陣《だんせいじん》が、ほこりと砂《すな》にまみれたトレイ24杯分《はいぶん》のいちごを、下《した》の倉庫《そうこ》から4階《かい》のキッチンに運《はこ》びあげます。そのあと、アンネやマルゴーやミープさん、ベップさんたち女性陣《じょせいじん》がくわわり、全員《ぜんいん》で水洗《みずあら》いとへたとり。エーディトとファン・ペルス夫人《ふじん》の指揮《しき》で、砂糖《さとう》をくわえ大鍋《おおなべ》で煮《に》つめて、びんづめに。キッチンには、いちごジャムのあまずっぱいにおいの湯気《ゆげ》と、みんなの陽気《ようき》なおしゃべりがみちあふれました。

この作業《さぎょう》のあいだに、グリンピースがたっぷり手《て》に入《はい》る、という情報《じょうほう》が入《はい》ります。その週《しゅう》の土曜日《どようび》は、全員《ぜんいん》でグリンピースのさやむきをすることになりました。アンネがなによりきらいな単純作業《たんじゅんさぎょう》なのです。さやをむきながらアンネは、

(将来結婚《しょうらいけっこん》しても、グリンピースのさやむきだけは、やらないわ。)

と、心《こころ》の中《なか》でひとり、苦笑《くしょう》します。そして、幸《しあわ》せそうなおしゃべりのなかで、

(みんな、なんてかわいい、いい人《ひと》たちなんだろう！)

と、胸《むね》をふるわせていました。パパはもちろん、うるさすぎるママも、気分屋《きぶんや》のファ

ン・ペルスのおじさんも、すぐきゃあきゃあさわぐファン・ペルスのおばさんも、いつもわたしをかばってくれるマルゴーも、いばりやのデュッセルさんも、そしてペーターも！

アンネはまた、ミープさんたち支援者《しえんしゃ》に、心《こころ》から感謝《かんしゃ》していました。ナチスをおそれず、危険《きけん》をおそれず、8人《にん》ものユダヤ人《じん》を、いままで2年間近《ねんかんちか》くも、かくまいつづけてくれている人《ひと》たち。毎日《まいにち》、馬車馬《ばしゃうま》のようにお使《つか》いを引《ひ》きうけて、町《まち》を走《はし》りまわり、食料《しょくりょう》の足《た》りないなか、8人《にん》の誕生日《たんじょうび》にはかならず、すばらしいバースデイケーキをつくってくれた人《ひと》たち。図書館《としょかん》で本《ほん》をかりてくれたり、通信講座《つうしんこうざ》を自分《じぶん》たちの名前《なまえ》で申《もう》しこんでくれた。そして、アンネたちを飽《あ》きさせまいと、隠《かく》れ家《が》に泊《と》まりにきてくれた……。

戦争《せんそう》が終《お》わったら、せいいっぱいのお返《かえ》しをしたいと、アンネは心《こころ》から思《おも》いました。

たぶん9月《がつ》には待《ま》ちに待《ま》った終戦《しゅうせん》が来《く》るでしょう。

ところが——。

1944年《ねん》8月4日《がつよっか》、午前《ごぜん》10時《じ》すぎ、プリンセン運河通《うんがどお》り263番地《ばんち》のビルの前《まえ》に、1台《だい》の車《くるま》が止《と》まりました。制服姿《せいふくすがた》のナチス親衛隊幹部《しんえいたいかんぶ》1名《めい》と、武器《ぶき》を持《も》った私服《しふく》警官《けいかん》がすくなくとも2名《めい》、車《くるま》からおりたちました。

6 死地《しち》への移送《いそう》

魔《ま》の手《て》をのがれた日記《にっき》

1944年《ねん》8月《がつ》4日《よっか》は、いつもとかわりない金曜日《きんようび》でした。ミープさんは朝《あさ》いちばん、買《か》い物《もの》リストを受《う》けとるため隠《かく》れ家《が》に顔《かお》を出《だ》しました。

「ねえ、ミープさん、ちょっとおしゃべりしていって。」

アンネがねだりましたが、いそがしいミープさんは、

「午後《ごご》に、食料品《しょくりょうひん》をとどけにくるから、そのときにね。」

と言《い》って会社《かいしゃ》にもどり、仕事《しごと》を始《はじ》めました。

その日《ひ》のオペクタ商会《しょうかい》には、ミープさんとベップさん、クーフレルさん、クレイマンさんが出勤《しゅっきん》していました。すると11時《じ》すぎ、会社《かいしゃ》のドアのところに、ひとりの男《おとこ》が

立《た》っていたのです。男《おとこ》はミープさんたちにピストルをつきつけ、

「動《うご》くな！　そこにいろ。」

と、オランダ語《ご》で命《めい》じ、ずかずかと、おくのクーフレルさんの部屋《へや》に入《はい》っていきました。


ミープさんは、バッグの中《なか》に夫《おっと》ヤンさんが手配《てはい》してくれた偽造配給切符《ぎぞうはいきゅうきっぷ》を持《も》っていました。これが見《み》つかるとたいへんです。そのときドアの向《む》こうからヤンさんの足音《あしおと》がしました。ミープさんはドアをすこし開《あ》け、ヤンさんに、配給切符《はいきゅうきっぷ》をおしつけて、

「ゲシュタポが来《き》たの、とうとう。」

と、ささやきました。ヤンさんはだまってうなずき、会社《かいしゃ》を立《た》ちさります。


クレイマンさんは、おそろしさにふるえて泣《な》いているベップさんにメモをわたし、

「そこの薬屋《くすりや》で電話《でんわ》をかりて、妻《つま》に電話《でんわ》してくれ。事情《じじょう》を話《はな》したら。そのまま帰《かえ》っていいよ。」

と言《い》いました。そして、ミープさんにも帰宅《きたく》するよう、すすめました。

「いいえ、それはできません。」

ミープさんはきっぱり首《くび》を横《よこ》にふり、クレイマンさんとふたりですわりつづけます。

約《やく》1時間後《じかんご》、別《べつ》の男《おとこ》があらわれ、クレイマンさんをしたがえて、クーフレルさんの部屋《へや》に入《はい》っていきました。そのあと、男《おとこ》はクレイマンさんをつれて出《で》てくると、ドイツ語《ご》で、

「あそこにいる女《おんな》に鍵《かぎ》をわたせ。」

と命《めい》じ、クーフンルさんの部屋《へや》へもどっていきました。クレイマンさんは、ミープさんに鍵束《かぎたば》をわたし、

「わたしは連行《れんこう》される。あんたは巻《ま》きぞえにならないようにしてくれ。」

と、急《いそ》いでささやきました。ミープさんはふたたび、首《くび》を横《よこ》にふりました。

けれどもクレイマンさんはミープさんに、

「あんたがたよりなんだ。あんたが助《たす》かってくれないと、動《うご》きがつかん。たのんだ

よ！」

と小声《こごえ》で言《い》い、ふたたびクーフレルさんの部屋《へや》へ入《はい》っていきました。

数分後《すうふんご》、最初《さいしょ》のオーストリア人《じん》ゲシュタポがもどってきて、ミープさんから鍵束《かぎたば》をとりあげ、連《つ》れていこうとしました。

ミープさんは、男《おとこ》のウィーンなまりに気《き》づき、

「あなた、ウィーンの出身《しゅっしん》でしょ？　わたしもそうなの。」

と声《こえ》をかけました。

「ウィーンはドイツの領土《りょうど》じゃないか！　それなのにおまえは。ユダヤのクズどもをかばうのか！　売国奴《ばいこくど》。」

男《おとこ》はひとしきり、悪態《あくたい》をつきましたが、

「よかろう。同《おな》じウィーンの出身《しゅっしん》ということで、今日《きょう》のところはゆるしてやる。」

と言《い》いました。ミープさんの思《おも》わくどおりです。

（いったい、クーフレルさんのところでは、なにが起《お》こっているんだろう？）

ミープさんが、ふたたび不安《ふあん》になったとき、廊下《ろうか》のおくの階段《かいだん》から聞《き》きなれた足音《あしおと》が聞《き》こえ、アンネたちがうなだれておりてきたのです。

（秘密《ひみつ》の入《い》り口《ぐち》が見《み》つかってしまった！）

隠《かく》れ家《が》の8人《にん》は、あっというまにゲシュタポに連《つ》れさられてしまいました。階下《かいか》で車《くるま》のとびらがしまり、走《はし》りさる音《おと》が聞《き》こえました。午後《ごご》1時《じ》ごろでした。

ショックでがくぜんとしていると、倉庫係《そうこがかり》が、鍵束《かぎたば》を手《て》にあがってきました。フォスキュイルさんが病気《びょうき》でやめたあとにやとった、新《あたら》しい倉庫係《そうこがかり》です。倉庫係《そうこがかり》がなにか言《い》いましたが、ミープさんはショックで聞《き》きとれません。

あたりは、いつのまにかうす暗《ぐら》くなっています。そこへベップさんと、つづいてヤンさんがもどってきました。そのとき教会《きょうかい》の鐘《かね》が鳴《な》りました。

もう、夕方《ゆうがた》の5時半《じはん》。

ミープさんとヤンさんとベップさんは、合《あ》い鍵《かぎ》でからくりドアを開《あ》け、隠《かく》れ家《が》にと

びこみました。

中《なか》は、目《め》も当《あ》てられない荒《あ》らされようです。机《つくえ》やいすはすべて引《ひ》っくりかえされ、棚《たな》のものはひとつのこらず放《ほう》りだされて、床《ゆか》に散《ち》らばっています。フランク夫妻《ふさい》とマルゴーの部屋《へや》にも、書類《しょるい》や本《ほん》が乱雑《らんざつ》に放《ほう》りだされていました。その中《なか》に、赤《あか》とオレンジのチェック柄《がら》の表紙《ひょうし》の日記帳《にっきちょう》と、ブルーやばら色《いろ》の紙束《かみたば》がありました。アンネの日記《にっき》です。ミープさんとベップさんは、書類《しょるい》の山《やま》の中《なか》から、その日記帳《にっきちょう》と紙束《かみたば》を両手《りょうて》いっぱいにかかえました。ミープさんは、通《とお》りがかりに洗面所《せんめんじょ》で、かわいい小花柄《こばながら》の化粧《けしょう》ケープを見《み》つけます。それもつかんで、隠《かく》れ家《が》の入《い》り口《ぐち》を出《で》ると、からくりドアに鍵《かぎ》をかけました。

そして、会社《かいしゃ》の事務室《じむしつ》にもどり、事務机《じむづくえ》のいちばん下《した》の引《ひ》き出《だ》しに、アンネの日記《にっき》帳《ちょう》と紙束《かみたば》をおしこみ、鍵《かぎ》をかけたのです。貴重《きちょう》な日記《にっき》はこうして、ナチスの魔《ま》の手《て》をのがれました。

のちに会社《かいしゃ》では日記《にっき》を読《よ》みたがる人《ひと》がつぎつぎと出《で》てきましたが、ミープさんは、

そのたびに、

「たとえ子《こ》どもの書《か》いたものでも、この日記《にっき》はアンネのもの、アンネの秘密《ひみつ》よ。アンネが帰《かえ》ってきたら、わたしがその手《て》に直接《ちょくせつ》返《かえ》します。」

と言《い》っていました。

ヴェステルボルク通過収容所《つうかしゅうようじょ》

翌日《よくじつ》、ミープさんは重《おも》い心《こころ》をかかえて出社《しゅっしゃ》しました。

(アンネたちはまだ町《まち》にいる。なんとかナチスからとりもどす手《て》はないかしら……。)

すると午後《ごご》、何人《なんにん》かの販売部員《はんばいぶいん》が出張《しゅっちょう》からもどってきました。

どの人《ひと》も、敬愛《けいあい》する元社長《もとしゃちょう》オットー・フランクがナチスにつかまったと知《し》ると、たいへんなショックを受《う》けました。

そのなかのひとりが、ミープさんをわきによぶと、そっと言《い》ったのです。

「もうすぐ終戦《しゅうせん》だとは、だれでも知《し》っています。ドイツ人《じん》たちも、つかれて早《はや》く国《くに》へ帰《かえ》りたがっているんですよ。そして、なるべく多《おお》くの金《かね》や物《もの》を持《も》って引《ひ》きあげたい。ですからね、ひとつ、ナチスの本部《ほんぶ》に行《い》って、あなたが昨日会《きのうあ》ったというウィーン出身《しゅっしん》のやつに、かけあってみたらいかがです。昨日逮捕《きのうたいほ》された人《ひと》たちを釈放《しゃくほう》するには、いくら出《だ》せばいいかとね。」

その販売部員《はんばいぶいん》はさらに、オットーは社長時代《しゃちょうじだい》、たいへん人望《じんぼう》が厚《あつ》かったから、釈放金《しゃくほうきん》の寄付《きふ》をしてくれる人《ひと》たちもおおぜい、いるだろうとつけくわえました。

ミープさんはさっそく、ゲシュタポ本部《ほんぶ》に電話《でんわ》をかけ、あのゲシュタポをよびだし、月曜日《げつようび》の面会《めんかい》を約束《やくそく》させました。

ところが、交渉《こうしょう》は成立《せいりつ》しませんでした。

例《れい》のゲシュタポは、ミープさんの顔《かお》を見《み》たとたん、

「いまさっき、移送命令《いそうめいれい》がおりたんだ。気《き》のどくだが、おれの力《ちから》ではどうしようもない。」

と言《い》ったのです。ミープさんは納得《なっとく》せず、高官《こうかん》にまで面会《めんかい》しましたが、とりあってもくれません。すごすご会社《かいしゃ》に帰《かえ》ってくるしかありませんでした。

そのころ、アムステルダムのゲシュタポ本部《ほんぶ》に連行《れんこう》された8人《にん》は、市内《しない》の拘置所《こうちしょ》で、次《つぎ》の命令《めいれい》を待《ま》っていました。クーフレルさんとクレイマンさんは、ユダヤ人《じん》を助《たす》けた罪《つみ》で、すぐに、オランダの労働収容所《ろうどうしゅうようじょ》に送《おく》られました。

アンネたち8人《にん》は、その4日後《よっかご》、1944年《ねん》8月8日《がつようか》に、ゲシュタポ本部《ほんぶ》の命令《めいれい》で、アムステルダム中央駅《ちゅうおうえき》から列車《れっしゃ》に乗《の》せられ、オランダ北東部《ほくとうぶ》のヴェステルボルク通過収容所《つうかしゅうようじょ》へ出発《しゅっぱつ》します。

（いったい、どうして、あんなことになったの？）

アンネは、ぼんやり外《そと》の景色《けしき》をながめながら、考《かんが》えつづけました。

あの日《ひ》、ミープさんが買《か》い物《もの》リストを受《う》けとって会社《かいしゃ》にもどると、アンネは代数《だいすう》の教科書《きょうかしょ》とノートを持《も》って、両親《りょうしん》の部屋《へや》へ行《い》きました。例《れい》によって、デュッセルさん

が、

「仕事《しごと》に使《つか》うんだ！」

と、ひとつしかない机《つくえ》を独占《どくせん》していたからです。

マルゴーとならんで机《つくえ》につき、面倒《めんどう》な数式《すうしき》を、せっせと解《と》きはじめました。

マルゴーはラテン語《ご》の文法《ぶんぽう》の復習《ふくしゅう》。パパは英語《えいご》を教《おし》えに、ペーターの部屋《へや》へ。

ママはソファにかけて、読《よ》みかけの本《ほん》を読《よ》んでいます。

4階《かい》からファン・ペルス夫妻《ふさい》の笑《わら》い声《ごえ》が聞《き》こえました。

「最近《さいきん》、仲《なか》いいわねえ。」

「戦争《せんそう》の終《お》わりが見《み》えてきたからでしょ。」

アンネとマルゴーが口々《くちぐち》に言《い》ってわらったとき、隠《かく》れ家《が》の入《い》り口《ぐち》のほうから、

「あ！」

という声《こえ》が聞《き》こえました。

「どうしたの？　ママ。」

アンネとマルゴーが声《こえ》を合《あ》わせて聞《き》き、思《おも》わず目《め》をみはりました。からくりドアの鍵《かぎ》が開《あ》き、クーフレルさんが、ナチスの記章《きしょう》をつけた軍人《ぐんじん》に、ピストルをつきつけられながら入《はい》ってきたのです。

クーフレルさんはエーディトに、

（ゲシュタポだ。）

と口《くち》の動《うご》きだけでつたえました。

あとは短《みじか》い悪夢《あくむ》のよう。8人全員《にんぜんいん》が逮捕《たいほ》されるまでには10分《ぷん》とかかりませんでした。

「30分《ぷん》やる。そのあいだに身《み》の回《まわ》りのものをまとめろ。リュックひとつ分《ぶん》だ、いいな。」

ゲシュタポはそう言《い》うと、オットーをにらみつけ、

「従軍経験《じゅうぐんけいけん》は？」

とたずねました。オットーが、

「元《もと》ドイツ軍中尉《ぐんちゅうい》、一級鉄十字章《きゅうてつじゅうじしょう》。」

と答《こた》えると、ゲシュタポはとつぜん態度《たいど》をかえ、さっと敬礼《けいれい》して、

「1時間《じかん》に延長《えんちょう》する。」

と言《い》ったのでした。アンネもマルゴーもびっくりしました。

リュックひとつにつめられる量《りょう》は、決《き》まっています。去年《きょねん》ミープさんが買《か》ってきてくれた、かわいい赤《あか》いハイヒールも、あきらめるしかありません。

——それはむりね。入《はい》らないでしょ。

アンネの耳《みみ》に、2年《ねん》まえ隠《かく》れ家《が》に来《き》たとき、なんとか写真《しゃしん》の箱《はこ》を持《も》っていこうとしたときの、母《はは》の声《こえ》がよみがえります。

「〝通過《つうか》〟収容所《しゅうようじょ》というくらいだから、その先《さき》があるんだろうね。」

となりの座席《ざせき》でペーターがささやきました。

アンネはうわの空《そら》でうなずき、

(日記《にっき》を持《も》ってこられればよかったのに。)

と思《おも》いました。いっぱいになった日記帳《にっきちょう》も、ブルーやばら色《いろ》の、つづきの紙《かみ》のつづりも、泥棒事件以来《どろぼうじけんいらい》、両親《りょうしん》の部屋《へや》にかくしてありました。ナチスに見《み》つかったらたいへんなことになると、大人《おとな》たちが言《い》ったからです。あの日《ひ》はちょうど、新《あたら》しい紙《かみ》をもらって、書《か》くつもりだったのです。

窓《まど》の外《そと》は、真夏《まなつ》の空《そら》と太陽《たいよう》、緑《みどり》の牧場《ぼくじょう》に点々《てんてん》と立《た》つ、牛《うし》やひつじ。真夏《まなつ》のそよ風《かぜ》。隠《かく》れ家《が》の2年間《ねんかん》、あこがれつづけていた外《そと》の世界《せかい》がいま、目《め》の前《まえ》に広《ひろ》がっているのです。

「ああ、いい景色《けしき》！　やっと外《そと》に出《で》られたのよ。」

アンネは、ペーターをはげますように、ほほえみかけました。

列車《れっしゃ》はひたすら北東《ほくとう》を目指《めざ》し、4日後《よっかご》には終点《しゅうてん》ヴェステルボルクに着《つ》きました。

真夏《まなつ》の陽気《ようき》な景色《けしき》はいつしか灰色《はいいろ》の空《そら》にかわり、ふきすさぶ風《かぜ》、じめじめした空気《くうき》がアンネたちを待《ま》っていました。

ヴェステルボルク通過収容所《つうかしゅうようじょ》は1939年《ねん》、オランダ政府《せいふ》によって、ドイツからのユダヤ人難民《じんなんみん》を受《う》けいれる施設《しせつ》としてつくられました。

ところがオランダは1940年《ねん》、ナチス・ドイツに占領《せんりょう》されます。

ナチスは1942年《ねん》、この難民収容所《なんみんしゅうようじょ》を、ユダヤ人狩《じんが》りで逮捕《たいほ》したユダヤ人《じん》やロマの人《ひと》びとを一時的《いちじてき》に収容《しゅうよう》する強制収容所《きょうせいしゅうようじょ》にかえました。

列車《れっしゃ》からおろされたユダヤ人《じん》たちは、大人《おとな》も子《こ》どもも裸《はだか》にされ、荷物《にもつ》をとりあげられ、シャワーをあびさせられたあと、髪《かみ》を短《みじか》く切《き》られ、紺色《こんいろ》のつなぎを制服《せいふく》としてわたされました。アンネは目《め》をつぶってはずかしさとくやしさに耐《た》えました。

(髪《かみ》はのびるもの。シャワーをあびられただけでも、いいと思《おも》わなくちゃ。)

つめたくて、水《みず》の出《で》が悪《わる》くても、シャワーはシャワーです。

看守《かんしゅ》たちが「懲罰服《ちょうばつふく》」とよぶ、紺色《こんいろ》のつなぎの制服《せいふく》に手早《てばや》く着《き》がえると、ほかのユダヤ人《じん》たちとともに次《つぎ》の指示《しじ》を待《ま》ちました。アンネの一家《いっか》は、潜伏《せんぷく》していた「罰《ばつ》」として、一家《いっか》で住《す》むことはゆるされず、男女別《だんじょべつ》のバラックに入《はい》ることになります。ただし、労働《ろうどう》が終《お》わった夕方《ゆうがた》と夜《よる》の何時間《なんじかん》かは、いっしょにいられると、看守《かんしゅ》は説明《せつめい》しました。

「ここには学校《がっこう》も、映画館《えいがかん》もある。子《こ》どもは勉強《べんきょう》をしろ。大人《おとな》はしっかりはたらいて、ドイツ軍《ぐん》のために、なくてはならぬ人物《じんぶつ》になれ！」

看守《かんしゅ》の演説《えんぜつ》を聞《き》かされたあと、アンネは、母《はは》とマルゴーとファン・ペルス夫人《ふじん》とともに女性用《じょせいよう》バラックに連《つ》れていかれます。うす暗《ぐら》く、空気《くうき》はよどみ、粗末《そまつ》な二段《にだん》ベッドがずらりとならんでいました。

（まるで、ほら穴《あな》みたい！）

アンネはぞっとしました。けれども、なんとか、向《む》かい合《あ》わせに上下《じょうげ》4つの空《あ》いたベッドを見《み》つけると、

「ほら、ママたち、下《した》にすわって！　ここには、学校《がっこう》も、映画館《えいがかん》もあるんだって！」

せいいっぱい元気《げんき》そうに、言《い》いました。

マルゴーがさっそく母《はは》の背中《せなか》をささえて、ベッドにかけさせ、

「毎日夕方《まいにちゆうがた》には、パパにも会《あ》えるわ。ファン・ペルスのおじさんにも、ペーターにも。」

とささやいたとたん、

「ああ、ペーター!」

向《む》かいのベッドでファン・ペルス夫人《ふじん》が、両手《りょうて》に顔《かお》をうずめて泣《な》きだしました。

「だいじょうぶよ、おばさん。ペーターは、うちのパパたちといっしょのはずだから。」

アンネは、急《いそ》いでファン・ペルス夫人《ふじん》の肩《かた》をだきしめました。

アンネもマルゴーも大人《おとな》たちの気持《きも》ちをできるだけ楽《らく》にしてあげたいと思《おも》っていました。いままでずっと、守《まも》ってもらったのです。こんどは自分《じぶん》たちが、かばってあげなくてはと。

翌朝《よくあさ》5時《じ》、収容所《しゅうようじょ》の生活《せいかつ》は始《はじ》まりました。テントのような食堂《しょくどう》に丸刈《まるが》りか短髪《たんぱつ》の人《ひと》びとがずらりとならぶ光景《こうけい》は、アンネにもマルゴーにも、ただ異様《いよう》としかうつりませんでした。

みんなが紺色《こんいろ》のつなぎの制服《せいふく》を着《き》せられ、幽霊《ゆうれい》のようにやせ細《ほそ》っているのです。うすいスープとパンという粗末《そまつ》な朝食《ちょうしょく》をとると、大人《おとな》は乾電池《かんでんち》の分解工場《ぶんかいこうじょう》に、子《こ》どもたちは授業《じゅぎょう》に向《む》かいます。とはいえ、それも、世界《せかい》はドイツ人《じん》に支配《しはい》されるべきだ、という話《はなし》ばかり。よく聞《き》いていればいい成績《せいせき》がつきます。

「成績表《せいせきひょう》はぜったいなくさず、次《つぎ》の収容所《しゅうようじょ》の先生《せんせい》にわたすように。」

と、最初《さいしょ》の授業《じゅぎょう》で、先生《せんせい》から念《ねん》をおされました。

(次《つぎ》の収容所《しゅうようじょ》にも、学校《がっこう》があるんだ。こういう学校《がっこう》が——。)

アンネは心《こころ》の中《なか》でため息《いき》をつきました。

それでも授業《じゅぎょう》の合間《あいま》など、少《すこ》しでも時間《じかん》があるときは、なるべく外《そと》を歩《ある》いて、ほかのユダヤ人《じん》と話《はなし》をするようにしました。話《はな》せば気晴《きば》らしになるし、さまざまな情報《じょうほう》も入《はい》ってくるからです。

夕方《ゆうがた》の再会《さいかい》には、ファン・ペルスさん一家《いっか》が、くわわることもありました。

父《ちち》はあいかわらず元気《げんき》でしたが、ファン・ペルスさん夫妻《ふさい》やペーターはいつも無口《むくち》で、だんだん顔色《かおいろ》が悪《わる》くなっていくのがわかりました。フェファーさんはほとんど、出《で》てきませんでしたが、なんとかやっているようです。

するとある晩《ばん》、父《ちち》が、

「門《もん》の外《そと》に列車《れっしゃ》が泊《と》まっているだろう。もうすぐ〝選別《せんべつ》〟があるらしい。」

と言《い》いました。〝選別《せんべつ》〟とはつまり、ナチスがここに一時収容《いちじしゅうよう》したユダヤ人《じん》を次《つぎ》に、どの収容所《しゅうようじょ》に送《おく》るかを決《き》める、ふるい分《わ》けです。

健康《けんこう》でよくはたらく人《ひと》は、そのままのこされます。キリスト教《きょう》に改宗《かいしゅう》したり、外国《がいこく》のパスポートを持《も》っている人《ひと》は、捕虜交換用《ほりょこうかんよう》の収容所《しゅうようじょ》へ移送《いそう》されます。それ以外《いがい》の人《ひと》は、ポーランドにあるアウシュビッツ絶滅収容所《ぜつめつしゅうようじょ》やソビボル絶滅収容所《ぜつめつしゅうようじょ》などに送《おく》られ、命《いのち》を絶《た》たれることになるのです。

ただし、もし幸運《こううん》なら、途中《とちゅう》で連合軍《れんごうぐん》に助《たす》けられる可能性《かのうせい》もありました。

「のがれられた者《もの》はかならず、スイスのおばあちゃんに連絡《れんらく》しよう。」

と、父《ちち》は言《い》いました。

アウシュビッツ絶滅収容所《ぜつめつしゅうようじょ》

そして、約《やく》1か月後《げつご》。1944年《ねん》9月2日《がつふつか》の未明《みめい》に読《よ》みあげられた1019名《めい》の名《めい》簿《ぼ》のなかに、アンネたち家族《かぞく》4人《にん》の名前《なまえ》があったのです。ファン・ペルス夫妻《ふさい》とペーター、フェファーさんも入《はい》っていました。

（みんなの名前《なまえ》があった……。）

アンネは心配《しんぱい》と安心《あんしん》がまじった複雑《ふくざつ》な気持《きも》ちで出発《しゅっぱつ》の用意《ようい》をし、翌日《よくじつ》の輸送指示《ゆそうしじ》を待《ま》ちました。

翌《よく》9月3日《がつみっか》、アンネたちは1列《れつ》にならばされ、家畜用列車《かちくようれっしゃ》に乗《の》せられました。行《い》く先《さき》は告《つ》げられませんでした。わらがしかれた床《ゆか》には飲料水《いんりょうすい》のバケツと、トイレ用《よう》のバケツがならんでいます。列車《れっしゃ》が止《と》まるたびに、アンネは連合軍《れんごうぐん》の救出《きゅうしゅつ》かと胸《むね》をおどらせました。けれども、どれもたんなる燃料補給《ねんりょうほきゅう》のためだったのです。

こうして3日目《みっかめ》の晩《ばん》。列車《れっしゃ》がまた止《と》まると、ドアが開《ひら》き、

「動《うご》け！　おりろ！　荷物《にもつ》はそのまま！　ぐずぐずするな！」

うなるようなスピーカーの大声《おおごえ》とともに、犬《いぬ》をつれたSS《エスエス》（ナチス親衛隊《しんえいたい》）が、どかどかと走《はし》りよってきました。門《もん》にはアウシュビッツ強制収容所《きょうせいしゅうようじょ》ビルケナウと記《しる》されています。

アウシュビッツ絶滅収容所《ぜつめつしゅうようじょ》とは正式名称《せいしきめいしょう》アウシュビッツ第《だい》二強制収容所《きょうせいしゅうようじょ》ビルケナウ。1940年《ねん》5月《がつ》、ドイツ国防軍《こくぼうぐん》が接収《せっしゅう》したポーランド軍兵舎《ぐんへいしゃ》の建物《たてもの》をSS《エスエス》がゆずりうけ、第一収容所《だいしゅうようじょ》を開設《かいせつ》します。主《おも》な収容者《しゅうようしゃ》はソ連軍捕虜《れんぐんほりょ》で、人体実験用《じんたいじっけんよう》の施設《しせつ》やガス室《しつ》をそなえていました。その後《ご》、第《だい》二収容所《しゅうようじょ》がソ連軍捕虜《れんぐんほりょ》の強制労働《きょうせいろうどう》により、1941年《ねん》10月《がつ》に開設《かいせつ》されました。広大《こうだい》な収容施設《しゅうようしせつ》です。ここはガス室《しつ》と強制労働《きょうせいろうどう》によりユダヤ人《じん》を絶滅《ぜつめつ》するという方針《ほうしん》でした。

SS隊員《エスエスたいいん》はムチをふりまわし、犬《いぬ》に威嚇《いかく》させながら、アンネたちユダヤ人《じん》を整列《せいれつ》さ

せ、

「病人《びょうにん》、子《こ》ども、歩行困難《ほこうこんなん》な者《もの》は、横《よこ》のトラックに乗《の》れ。」

とさけびました。

「だめだ！　乗《の》るな！　どこへつれていかれるか、知《し》ってるのか？」

どこからともなく、先《さき》に収容《しゅうよう》されたユダヤ人《じん》たちの声《こえ》が聞《き》こえます。

けれども、トラックはすぐ満員《まんいん》になり、走《はし》りさりました。

SS《エスエス》は、アンネたちをまず、5人《にん》ずつ整列《せいれつ》させ、さらに男《おとこ》、女《おんな》、子《こ》どもの3列《れつ》に分《わ》けました。

「気《き》をつけるんだよ。すぐにまた会《あ》おう。」

オットーがエーディトとマルゴーとアンネに、すばやく声《こえ》をかけ、男性《だんせい》の列《れつ》にくわわります。各列《かくれつ》は順番《じゅんばん》に、医師《いし》のかんたんな問診《もんしん》を受《う》け、最後《さいご》は左右《さゆう》ふたつのグループに分《わ》けられました。年配者《ねんぱいしゃ》と15歳《さい》以下《いか》に見《み》える者《もの》が左《ひだり》のグループ、若者《わかもの》と健康者《けんこうしゃ》は右《みぎ》のグループ。左《ひだり》のグループと、先《さき》ほどトラックで運《はこ》ばれた人《ひと》びとはその日《ひ》、ただちにガス室《しつ》に送《おく》られました。

のこされたアンネたちには、名前《なまえ》の代《か》わりに番号《ばんごう》がふられました。

それから裸《はだか》にされ、全身《ぜんしん》の毛《け》をそられました。

こうしてナチスは、ユダヤ人《じん》から人間《にんげん》の尊厳《そんげん》と生《い》きる気力《きりょく》をうばおうとしたのです。

次《つぎ》にアンネたちは、シャワーをあびさせられました。

水《みず》はなかなか出《で》てきません。丸裸《まるはだか》でこまっていると、不意打《ふいう》ちのように、熱湯《ねっとう》が噴《ふん》射《しゃ》し――思《おも》わずとびすさると、氷《こおり》のような水《みず》がふってくるのです。

すべて、裏《うら》でシャワーを操作《そうさ》するSS《エスエス》の悪意《あくい》でした。

アンネたちはぐったりしたまま、番号《ばんごう》の入《い》れずみを入《い》れられ、ぺらぺらのボロ服《ふく》を着《き》せられました。

ほとんどねむれず、朝《あさ》になると、ひと切《き》れのパンと水《みず》があたえられました。

それが一日《いちにち》にあたえられる食料《しょくりょう》のすべてでした。

エーディトは、ふたりの娘《むすめ》の前《まえ》に、自分《じぶん》のパンを全部《ぜんぶ》さしだしました。

「ママも食《た》べて！　ちゃんと食《た》べなくちゃだめ。」

アンネとマルゴーがすがりついてたのんでも、エーディトは、

「いいから、おあがりなさい。」

と、ほほえむだけ。ふたりがことわると、

「では、パパにとっておいてあげましょうね。わたしはいいから。」

と言《い》うのです。

アンネは母《はは》にすがりつき、思《おも》いきり泣《な》きました。

約《やく》2年《ねん》まえの夏《なつ》、マルゴーに呼《よ》び出《だ》しがかかったとき母《はは》は、

「マルゴーは行《い》かせません！　ぜったいに。」

と、強《つよ》い口調《くちょう》で言《い》いました。

（わたしだったら、どうなの？）

アンネはあのときひそかに思《おも》いました。

けれどもいまは、母《はは》が姉《あね》も自分《じぶん》も両方《りょうほう》とも平等《びょうどう》にかわいいのだと、はっきりわかったのです。母《はは》が、父《ちち》を、家族《かぞく》をどれほど大事《だいじ》に思《おも》っているかということも。

物《もの》を食《た》べようとしない母《はは》はどんどん衰弱《すいじゃく》していき、アンネとマルゴーはあいついで体調《たいちょう》をくずして、病人棟《びょうにんとう》へうつされます。

数日後《すうじつご》、ふたりでもどってくると母《はは》の姿《すがた》はありません。

やがて別《べつ》の収容所《しゅうようじょ》への移送者《いそうしゃ》が〝選別《せんべつ》〟されると、アンネもマルゴーも、そのなかに入《はい》っていました。

移送先《いそうさき》は、ドイツのベルゲン・ベルゼン滞留収容所《たいりゅうしゅうようじょ》。

(わたしたちだけうつされてしまうなんて。それよりママは、パパは、ファン・ペルスのおじさんとおばさんは？　フェファーさんは？　ペーターは？)

アンネのまぶたの裏《うら》に、隠《かく》れ家《が》でペーターとかわした会話《かいわ》がよみがえります。

——ねえ、ペーター、知《し》ってる？　ユダヤ人《じん》は神《かみ》にえらばれた民族《みんぞく》なのよ。

——知《し》るもんか。だったら今度《こんど》はぜひ、いいことでえらばれたいもんだけどね。

皮肉《ひにく》っぽく言《い》ったペーターはいまごろどうしているだろう、とアンネは思《おも》いました。

（最後《さいご》のほうは、小《ちい》さな言《い》い合《あ》いも多《おお》かったけど……。）

まぶたの裏《うら》に、ペーターの笑顔《えがお》と、かれがこのあいだの誕生日《たんじょうび》に贈《おく》ってくれたしゃくやくの花束《はなたば》がうかびました。隠《かく》れ家《が》の女性《じょせい》たちは誕生日《たんじょうび》になると、男性《だんせい》から赤《あか》いばらやカーネーションをもらったものです。けれどもあの日《ひ》、ペーターがくれたのは、赤《あか》いばらでもカーネーションでもなく、濃《こ》いピンク色《いろ》のしゃくやくでした。前日《ぜんじつ》、とつぜんペーターにたのまれたミープさんが、町《まち》をかけまわり、しかたなくばらの代《か》わりに買《か》ってきてくれたものですが。

（花言葉《はなことば》は——はにかみ！　ペーターにぴったりだわ。）

病棟《びょうとう》の粗末《そまつ》なベッドに横《よこ》たわるアンネのほおに、温《あたた》かななみだが流《なが》れました。

（ペーターに手紙《てがみ》を書《か》きたい。ペーターに長《なが》い長《なが》い、手紙《てがみ》を書《か》きたい。ローザおばあちゃまにもらった万年筆《まんねんひつ》で！）

とアンネは思《おも》いました。けれども、あの万年筆《まんねんひつ》は隠《かく》れ家《が》にいるとき、不注意《ふちゅうい》で火《ひ》にくべてしまったのです。

（わたしのまわりから、大事《だいじ》なものが、どんどんうしなわれていく。万年筆《まんねんひつ》も日記帳《にっきちょう》も、おばあちゃまも、ペーターも、パパも、そしてママも――。）

アンネは、となりでねむるマルゴーの手《て》をそっとにぎりました。

1944年《ねん》11月《がつ》1日《ついたち》。アンネとマルゴーは、のこされた両親《りょうしん》を心配《しんぱい》しながら、ベルゲン・ベルゼン行《い》きの家畜列車《かちくれっしゃ》におしこまれまれました。

奇跡《きせき》の再会《さいかい》

ベルゲン・ベルゼン滞留収容所《たいりゅうしゅうようじょ》は大混乱《だいこんらん》をきわめていました。

第二次世界大戦《だいにじせかいたいせん》が始《はじ》まったころは、おもにソ連《れん》の戦争捕虜《せんそうほりょ》が収容《しゅうよう》されていました。

その後《ご》、ナチスはここに「交換《こうかん》ユダヤ人《じん》」を収容《しゅうよう》して、一時《いちじ》とめおくことにしたのです。交換《こうかん》ユダヤ人《じん》とは、英米《えいべい》や中立国《ちゅうりつこく》の国籍《こくせき》をもつユダヤ人《じん》のことで、連合軍《れんごうぐん》にとらえられたドイツ人《じん》と交換《こうかん》できると考《かんが》えられ、ほかのユダヤ人《じん》とは分《わ》けられていました。ところが１９４４年《ねん》６月《がつ》に連合軍《れんごうぐん》のノルマンディー上陸作戦《じょうりくさくせん》が成功《せいこう》すると、ドイツ軍《ぐん》の敗色《はいしょく》はますます濃《こ》くなり、交換《こうかん》もほとんど成立《せいりつ》しなくなったのです。

ナチス・ドイツは、敗戦後《はいせんご》の追及《ついきゅう》をおそれ、ユダヤ人虐殺《じんぎゃくさつ》の証拠《しょうこ》を消《け》そうと、各地《かくち》の強制収容所《きょうせいしゅうようじょ》からユダヤ人《じん》を移動《いどう》させ、そのほかの収容所《しゅうようじょ》を爆破《ばくは》する計画《けいかく》を進《すす》めていました。

そうして収容人員《しゅうようじんいん》をはるかにこえたベルゲン・ベルゼン滞留収容所《たいりゅうしゅうようじょ》は、食料《しょくりょう》の備蓄《びちく》もほとんどなく、不潔《ふけつ》で、さまざまな伝染病《でんせんびょう》がまんえんしていたのです。

アンネたちは、収容所《しゅうようじょ》の庭《にわ》にはられた、巨大《きょだい》なテントのひとつに入《い》れられました。

テントの中《なか》にはトイレも、浴室《よくしつ》も洗面所《せんめんじょ》もありません。しめった土《つち》の上《うえ》に、およそ１５００人《にん》の女性《じょせい》が、食料《しょくりょう》もあたえられず、うずくまっているのです。

けれども朝《あさ》になれば、容赦《ようしゃ》なく、労働《ろうどう》にかりだされました。工場《こうじょう》で横《よこ》1列《れつ》にならばされ、わけのわからない部品《ぶひん》の組《く》み立《た》てをさせられます。寒《さむ》さがきびしくなると、指《ゆび》がかじかんで出血《しゅっけつ》し、膿《う》んできました。

アンネとマルゴーは痛《いた》みに耐《た》えて、はたらきつづけました。

そして夕方《ゆうがた》、労働《ろうどう》が終《お》わると、重《おも》い足《あし》を引《ひ》きずって、テントの群《む》れの前《まえ》にある鉄条網《てつじょうもう》の前《まえ》に立《た》ちました。この施設《しせつ》には9万人《まんにん》に近《ちか》いユダヤ人《じん》がひしめきあっています。外《そと》を歩《ある》けば顔見知《かおみし》りに会《あ》えるかもしれない。鉄条網《てつじょうもう》の向《む》こうには、両親《りょうしん》の消息《しょうそく》を教《おし》えてくれる人《ひと》がいるかもしれません。

すると12月《がつ》のある日《ひ》、鉄条網《てつじょうもう》の前《まえ》で、ヴェステルボルク通過収容所《つうかしゅうようじょ》でいっしょだった、ヤニーとリーンチェ[1]という姉妹《しまい》にばったり出会《であ》いました。ちょうど聖《せい》ニコラス祭《さい》のころです。2組《ふたくみ》の姉妹《しまい》は再会《さいかい》をよろこび、ささやかでも自分《じぶん》たちなりに、ハヌカと聖《せい》ニコラス祭《さい》とクリスマスをいっしょにしたお祝《いわ》いをすることにしました。そのためにアンネとマルゴーは、少《すく》ないパンをすこしずつためておきました。ヤニーとアンネが、看守《かんしゅ》の調理場《ちょうりば》ではたらいていたハンガリー人《じん》の女性《じょせい》から、こっそりじゃがいもの皮《かわ》とセロリのくずをもらってきました。クリスマスの夕方《ゆうがた》、アンネたち4人《にん》は、看守《かんしゅ》の前《まえ》で歌《うた》ったりおどったりして、キャベツをすこしもらってきました。そして、ヤニーとリーンチェ姉妹《しまい》のテントで、ささやかなお祝《いわ》いをしたのです。

ところがそのあと、マルゴーがはげしい下痢《げり》におそわれたのです。

アンネは、体力《たいりょく》が落《お》ちていく姉《あね》を必死《ひっし》で看病《かんびょう》しました。

ヤニーとリーンチェは、余分《よぶん》な食料《しょくりょう》が手《て》に入《はい》るたびに、とどけてくれました。けれどもマルゴーは快復《かいふく》しません。高熱《こうねつ》がつづき、1月《がつ》の終《お》わりには病人棟《びょうにんとう》にうつされることになりました。チフスかもしれない、という診断《しんだん》でした。アンネもマルゴーと同《おな》じような具合《ぐあい》になりかけています。けれども姉《あね》につきそい、熱心《ねっしん》に看病《かんびょう》をつづけまし

［1］強制収容所《きょうせいしゅうようじょ》に入《い》れられたユダヤ人《じん》は、戦後《せんご》にその体験《たいけん》を語《かた》るとき、偽名《ぎめい》を用《もち》いることが多《おお》かった。そのため、姉妹《しまい》の名前《なまえ》も本名《ほんみょう》ではない可能性《かのうせい》がある。

た。

すると2月《がつ》のはじめのある晩《ばん》、だれかがふらふらと、病人棟《びょうにんとう》に入《はい》ってきて、

「アンネ……アンネ、ハンネリ・ホースラルが鉄条網《てつじょうもう》の向《む》こうに来《き》ているわ。」

と、ささやいたのです。隠《かく》れ家《が》でいっしょだったファン・ペルス夫人《ふじん》、ペーターの母《はは》でした。

アンネはファン・ペルス夫人《ふじん》に手《て》を引《ひ》かれ、よろよろと鉄条網《てつじょうもう》の前《まえ》まで行《い》きました。

「アンネ！」

「ああ！　ハンネリ、ハンネリ！」

あたりは暗《くら》く、声《こえ》だけしか聞《き》こえません。

がりがりにやせたふたりの少女《しょうじょ》は、鉄条網《てつじょうもう》をはさんで、思《おも》いきり泣《な》きました。

「わたし――髪《かみ》を切《き》られた。丸《まる》ぼうずにされた……。」

アンネは小枝《こえだ》の先《さき》のように細《ほそ》くなった指《ゆび》で、骨《ほね》がうきでた頭《あたま》にふれ、

「スイスへにげたんじゃなかったの。パパの会社《かいしゃ》のビルにずっとかくれていたのよ。」

と話《はな》しました。鉄条網《てつじょうもう》の向《む》こうで、息《いき》をのむハンネリに、

「ママもパパも――たぶん死《し》んだ。マルゴーとわたしは病人棟《びょうにんとう》。ハビちゃんは？」

アンネはおそるおそる、ハンネリの小《ちい》さな妹《いもうと》の消息《しょうそく》を聞《き》きました。

「ハビは元気《げんき》よ。パパも。でも、ママは2年《ねん》まえ、お産《さん》で死《し》んだ。末《すえ》の妹《いもうと》といっしょに。」

ハンネリは静《しず》かに言《い》いました。

ハンネリの父《ちち》ホースラル氏《し》は、有名《ゆうめい》なシオニスト〔2〕で、パラグアイのパスポートも持《も》っていました。アンネたちがかくれてから1年半後《ねんはんご》、ドイツ兵《へい》との交換《こうかん》ユダヤ人《じん》として、家族《かぞく》ごとここに送《おく》られていたのです。

「なにも食《た》べてないんでしょ。ちょっと待《ま》ってて。」

ハンネリはそう言《い》うと、急《いそ》いで自分《じぶん》の小屋《こや》にもどり、鉄条網《てつじょうもう》ごしに、ありったけのパンを投《な》げわたしました。交換《こうかん》ユダヤ人《じん》のハンネリは、手元《てもと》に食料《しょくりょう》の蓄《たくわ》えがあったの

です。

「ありがとう――ハンネリ。」

ふたりは数日後《すうじつご》にまた会《あ》いました。

そのときハンネリはアンネに、あれからすぐ、ジャックもサンネも、男《おとこ》の子《こ》たちも、つぎつぎと、もぬけのからになったアンネの家《いえ》に行《い》ってみたことを話《はな》しました。

「もしかして、あなたがもどってきているかもしれないと思《おも》ったの。」

ハンネリはそう言《い》うとつづけました。

「わたしもサンネも、アンネが死《し》んじゃうって、さんざん泣《な》いたのよ。でもジャックは、ぜったいだいじょうぶと言《い》ったの。なぜって、ナチスにつかまったうわさが出《で》な

［2］古代《こだい》に王国《おうこく》があったパレスチナの地《ち》にユダヤ人国家《じんこっか》をつくり、世界中《せかいじゅう》でばらばらにくらすユダヤ人《じん》が移住《いじゅう》するという思想《しそう》や運動《うんどう》をシオニズムという。シオニストは、シオニズムの実現《じつげん》を目指《めざ》す人《ひと》をあらわす。１９４８年《ねん》のイスラエル建国《けんこく》につながる。

いものって。」

アンネは、ふらふらとうずくまりながら、うなずきました。

いかにもジャックらしい、筋《すじ》のとおった考《かんが》えだと思《おも》ったのです。

1945年《ねん》の2月《がつ》、ハンネリはあと3度《ど》か4度《ど》、鉄条網《てつじょうもう》をはさんで、アンネと話《はな》しました。会《あ》うたびに、アンネの声《こえ》はどんどん弱《よわ》くなっていきました。鉄条網《てつじょうもう》ごしの暗《くら》闇《やみ》の中《なか》でさえ、顔《かお》が骨《ほね》と皮《かわ》のようになり、歩《ある》くのがますますつらそうになるのが、ハンネリには、はっきりわかったのです。

最悪《さいあく》の死《し》

1945年《ねん》2月中旬《がつちゅうじゅん》、マルゴーの体調《たいちょう》が急変《きゅうへん》しました。

チフスの症状《しょうじょう》が進《すす》み、寝返《ねがえ》りを打《う》つこともできなくなったのです。

いっしょにいたアンネも、高熱《こうねつ》とおなかの発疹《ほっしん》になやまされるようになりました。

先日《せんじつ》から姉《あね》のチフスに感染《かんせん》したのです。

姉妹《しまい》はこごえるような寒《さむ》さのなか、高熱《こうねつ》と発疹《ほっしん》に苦《くる》しみぬきました。

薬《くすり》はなく、食料《しょくりょう》も水《みず》も、もらえません。

ベルゲン・ベルゼンのSS《エスエス》はほとんど全員《ぜんいん》、せまりくる連合軍《れんごうぐん》におそれをなし、収容所《しゅうようじょ》を放《ほう》りだしてにげだしたからです。

2月下旬《がつげじゅん》、ヤニーとリーンチェ姉妹《しまい》が病人棟《びょうにんとう》のアンネとマルゴーを見舞《みま》いにやってくると、

「がんばって、あきらめちゃだめ。」

はげます姉妹《しまい》に、

「もういいの。ふたりでいられるから。」

「ふたりで、いっしょに死《し》ねればいい。」

アンネとマルゴーは弱々《よわよわ》しく答《こた》えました。

翌日《よくじつ》、姉妹《しまい》がふたたび見舞《みま》いにおとずれると、マルゴーはベッドから落《お》ち床《ゆか》に転《ころ》

がっていました。意識《いしき》は、もうほとんど、ありませんでした。

となりのベッドのアンネが目《め》を開《あ》け、

「ありがとう。来《き》てくれたのね。マルゴーはねむっているの。マルゴーがねむっていると、わたしも体《からだ》を休《やす》められる。」

と言《い》いました。

3月《がつ》のはじめ、ヤニーとリーンチェ姉妹《しまい》が最後《さいご》にアンネたちをたずねると、ベッドはふたつともからでした。ふたりは、バラックの裏《うら》にまわりました。

そして、打《う》ちすてられたアンネとマルゴーのなきがらを見《み》つけ、そっと毛布《もうふ》でつつみました。1945年《ねん》2月末《がつすえ》から3月《がつ》のことといわれます。収容所《しゅうようじょ》がイギリス軍《ぐん》の手《て》で解放《かいほう》される、4月《がつ》15日《にち》のわずか数週間《すうしゅうかん》まえでした。

愛情深《あいじょうぶか》い母《はは》エーディト・フランクは、1945年《ねん》1月6日《がつむいか》、夫《おっと》とふたりの娘《むすめ》を心配《しんぱい》しながら、アウシュビッツ・ビルケナウ絶滅収容所《ぜつめつしゅうようじょ》で衰弱死《すいじゃくし》しました。

ペーターの母《はは》アウグステ・ファン・ペルスは1945年《ねん》4月9日《がつここのか》、テレジエンシュタット強制収容所《きょうせいしゅうようじょ》にうつされ、その後《ご》、消息不明《しょうそくふめい》のまま絶命《ぜつめい》したと思《おも》われます。

アウシュビッツでオットーと同《おな》じブロックに収容《しゅうよう》されていた歯科医《しかい》のデュッセルさんことフリッツ・フェファーは、1944年《ねん》12月20日《がつはつか》、ドイツのノイエンガンメ強制《きょうせい》収容所《しゅうようじょ》で死亡《しぼう》。ペーターの父《ちち》ヘルマン・ファン・ペルスは、1944年《ねん》の10月《がつ》か11月《がつ》、アウシュビッツのガス室《しつ》で死亡《しぼう》しました。

息子《むすこ》のペーター・ファン・ペルスは、徒歩《とほ》でオーストリアのマウトハウゼン収容所《しゅうようじょ》まで移動《いどう》させられ、1945年《ねん》5月5日《がついつか》に衰弱死《すいじゃくし》。アメリカ軍《ぐん》による収容所解放《しゅうようじょかいほう》の日《ひ》のことです。

隠《かく》れ家《が》の8人《にん》のうち、生《い》きてアムステルダムにもどれたのはオットー・フランクひとりだけでした。

7 アンネがのこしたもの

オットーの帰還《きかん》

1945年《ねん》6月3日《がつみっか》。オットー・フランクが、アウシュビッツから、アムステルダムにもどってきました。1月《がつ》にソ連軍《れんぐん》の手《て》で救出《きゅうしゅつ》され、ソ連《れん》の国土《こくど》を経由《けいゆ》し、船《ふね》でフランスのマルセイユ港《こう》まで送《おく》られ、アムステルダムに向《む》かったのです。

「お帰《かえ》りなさい！」

アムステルダムに着《つ》いたオットーはまず、まっ先《さき》に、ミープとヤンのヒース夫妻《ふさい》をたずねました。

夫妻《ふさい》はオットーに、落《お》ちつくまでぜひ、うちにいらしてくださいと申《もう》しでました。

ヒース家《け》に身《み》をよせたオットーは、アンネとマルゴーの消息《しょうそく》を調《しら》べまわりました。

妻《つま》エーディトがすでに亡《な》くなっていることは知《し》っていましたが、ふたりの娘《むすめ》とはきっと、生《い》きて再会《さいかい》できると信《しん》じていたのです。

国際赤十字《こくさいせきじゅうじ》に何度《なんど》も消息《しょうそく》を問《と》いあわせ、アムステルダム港《こう》に船《ふね》が着《つ》くたびに、ベルゲン・ベルゼンに収容《しゅうよう》されていた人《ひと》を見《み》つけては、わたしの娘《むすめ》たちに会《あ》ったことはありませんかと、聞《き》いてまわりました。

しかし1945年《ねん》7月《がつ》のある日《ひ》、ついに、アンネとマルゴーがベルゲン・ベルゼンで死《し》んだことを知《し》ります。打《う》ちひしがれるオットーに、ミープさんは大事《だいじ》にあずかっていたアンネの日記帳《にっきちょう》と300枚以上《まいいじょう》にのぼる紙《かみ》のつづりを、そっとさしだしました。いまやアンネの形見《かたみ》となった日記《にっき》を。

オットーはまよいました。日記《にっき》は個人《こじん》のものです。

(いくら父親《ちちおや》とはいえ、娘《むすめ》の日記《にっき》を読《よ》んでいいものだろうか? 人《ひと》の心《こころ》の秘密《ひみつ》にふみこんでいいものだろうか?)

けれども1か月後《げつご》、思《おも》いきってチェック柄《がら》の表紙《ひょうし》を開《ひら》きました。

そして、読《よ》みはじめたとたん、目《め》をみはりました。

そこには、あのお茶目《ちゃめ》で陽気《ようき》で、わがままで、子《こ》どもっぽかったアンネと同時《どうじ》に、文章《ぶんしょう》がじょうずで、ユーモラスで、とても考《かんが》え深《ぶか》く、大人《おとな》びたアンネがいたのです。

──オットーは、愛《あい》する娘《むすめ》を思《おも》って、大量《たいりょう》にあるこの日記《にっき》を整理《せいり》しはじめました。

ベストセラーとなった日記《にっき》

オットーはアンネの日記《にっき》の清書《せいしょ》のほうの原稿《げんこう》を中心《ちゅうしん》にととのえ、ドイツ語《ご》に訳《やく》して親戚《しんせき》に送《おく》りました。その後《ご》、きれいにタイプすると、友人《ゆうじん》や知人《ちじん》にも読《よ》んでもらいました。

そうしているなか、出版《しゅっぱん》をすすめられます。しかしオットーは、アンネがつつみかくさず打《う》ちあけた日記《にっき》を、世《よ》に出《だ》してよいかなやみました。けっきょく、〝わたしの最大《さいだい》の望《のぞ》みは、将来《しょうらい》ジャーナリストになり、やがては著名《ちょめい》な作家《さっか》になることです。

（1944年《ねん》5月《がつ》11日《にち》）〟というアンネの意《い》にかなうだろうと、決意《けつい》しました。

ところが、どの出版社《しゅっぱんしゃ》でも、

「やっと終戦《しゅうせん》になったいま、戦時中《せんじちゅう》に無名《むめい》の中学生《ちゅうがくせい》が書《か》いた暗《くら》い日記《にっき》など読《よ》む人《ひと》が、いると思《おも》いますか？」

と言《い》われるばかりです。

それでもオットーはあきらめず、日記《にっき》を紹介《しょうかい》する努力《どりょく》をつづけました。

するとあるとき、有名《ゆうめい》な歴史学者《れきしがくしゃ》ヤン・ロメイン博士《はかせ》に日記《にっき》の原稿《げんこう》を見《み》てもらう機会《きかい》を得《え》たのです。博士《はかせ》は原稿《げんこう》をひと晩《ばん》で読《よ》みきり、1946年《ねん》4月3日付《がつみっかづけ》のオランダの新聞《しんぶん》にアンネの日記《にっき》を絶賛《ぜっさん》する記事《きじ》をよせました——描写《びょうしゃ》がひじょうにうまい！

読者《どくしゃ》を魅了《みりょう》せずにいないすばらしい作品《さくひん》だと。

オットーのもとに、日記《にっき》の出版《しゅっぱん》を申《もう》しでる出版社《しゅっぱんしゃ》が殺到《さっとう》します。

1947年《ねん》、『ヘト・アフテルハイス（後《うし》ろの家《いえ》）』というタイトルで出版《しゅっぱん》された日記《にっき》は、たちまちオランダ国内《こくない》でベストセラーになりました。

日記《にっき》は、その後《ご》も世界各国《せかいかっこく》で翻訳出版《ほんやくしゅっぱん》され、「聖書《せいしょ》の次《つぎ》に読者数《どくしゃすう》が多《おお》い本《ほん》」と言《い》われるまでになります。

アンネの隠《かく》れ家《が》を守《まも》ろう！

1956年《ねん》1月《がつ》、隠《かく》れ家《が》だったビルがとりこわされることになりました。アムステルダム市《し》が、その一画《いっかく》の再開発《さいかいはつ》を計画《けいかく》したのです。けれどもオランダ市民《しみん》の多《おお》くが反対《はんたい》し、「アンネの家《いえ》を守《まも》ろう」という運動《うんどう》が起《お》こります。同時《どうじ》に隠《かく》れ家《が》の保存《ほぞん》と管理《かんり》と一般公開《いっぱんこうかい》を目的《もくてき》に「アンネ・フランク財団《ざいだん》」が設立《せつりつ》されました。

ナチスによって、2年間《ねんかん》も不自由《ふじゆう》な隠《かく》れ家生活《がせいかつ》を強《し》いられたあと、強制収容所《きょうせいしゅうようじょ》を転々《てんてん》とさせられたうえに、わかい命《いのち》をうばわれた15歳《さい》のアンネ・フランクは、それでも〝人間《にんげん》の性《せい》は善《ぜん》〟だと信《しん》じ、最後《さいご》まで自由《じゆう》と平和《へいわ》な未来《みらい》の実現《じつげん》をねがいつづけました。

それに感動《かんどう》した、ひじょうに多《おお》くの人《ひと》びとが、アンネの隠《かく》れ家《が》を守《まも》り、自由《じゆう》と平和《へいわ》な未来《みらい》をもとめたアンネ・フランクの気持《きも》ちをつたえつづけよう、と立《た》ちあがったのです。

オランダのユリアナ女王《じょおう》をはじめ、国内海外《こくないかいがい》から「自由《じゆう》と平和《へいわ》な未来《みらい》のために」と、多額《たがく》の寄付金《きふきん》がよせられました。ビルの所有会社《しょゆうがいしゃ》は隠《かく》れ家《が》のビルを寄付《きふ》し、市《し》は一帯《いったい》を歴史地区《れきしちく》に認定《にんてい》します。

一般《いっぱん》からの寄付《きふ》をもとでに、財団《ざいだん》が周辺《しゅうへん》の建物《たてもの》と土地《とち》を買《か》いとります。1960年《ねん》5月3日《がつみっか》、隠《かく》れ家《が》は「アンネ・フランクの家《いえ》（アンネ・フランク・ハウス）」および「アンネ・フランク記念館《きねんかん》」として公開《こうかい》されるようになりました。いまもなお、世界《せかい》中《じゅう》から集《あつ》まる見学者《けんがくしゃ》たちをむかえつづけています。

オットーたちのその後《ご》

アンネとマルゴーの父《ちち》オットー・フランクは、つねに自分《じぶん》や家族《かぞく》をささえてくれた人《ひと》たちに感謝《かんしゃ》し、生涯《しょうがい》つつましい生活《せいかつ》を送《おく》りました。アムステルダムでは7年間《ねんかん》、ミープ夫妻《ふさい》の家《いえ》でくらし、ハンネリ姉妹《しまい》やジャックなど、アンネの生《い》きのこった友人《ゆうじん》たちをさがしだし、ほんとうの子《こ》どものように面倒《めんどう》をみました。

1952年《ねん》、スイスに移住《いじゅう》。

1953年《ねん》、アウシュビッツで夫《おっと》と息子《むすこ》を亡《な》くした女性《じょせい》と再婚《さいこん》します。

1980年《ねん》、91歳《さい》の生涯《しょうがい》をとじました。

アンネたちが逮捕《たいほ》された1944年《ねん》8月4日《がつよっか》に、隠《かく》れ家《が》の人《ひと》たちをかばって逮捕《たいほ》された、オペクタ商会《しょうかい》の社員《しゃいん》で支援者《しえんしゃ》のクレイマンさんとクーフレルさんも、ぶじに戦《せん》後《ご》をむかえていました。

ヨー・クレイマンさんは、ユダヤ人《じん》をかくまったとして、アムステルダム市内《しない》の非《ひ》ユダヤ人収容所《じんしゅうようじょ》に入《い》れられましたが、赤十字《せきじゅうじ》が、胃《い》の病気《びょうき》の治療《ちりょう》を理由《りゆう》に釈放《しゃくほう》を命《めい》じ、まもなく会社《かいしゃ》にもどってきました。

クレイマンさんとともに逮捕《たいほ》された、ビクトル・クーフレルさんは、同《おな》じ収容所《しゅうようじょ》からドイツへ移送《いそう》される途中《とちゅう》、空爆《くうばく》のどさくさにまぎれて脱走《だっそう》します。付近《ふきん》の農家《のうか》の納《な》屋《や》にかくれすみ、ドイツ降伏《こうふく》とともに帰還《きかん》しました。

ミープさんとヤンさんのヒース夫妻《ふさい》には1950年《ねん》、はじめての男《おとこ》の子《こ》がさずかりました。

ミープさんは『思《おも》い出《で》のアンネ・フランク』という本《ほん》を書《か》き、2010年《ねん》、100歳《さい》の長寿《ちょうじゅ》をまっとうしました。アンネたちが逮捕《たいほ》されるとすぐ、ひとりでナチスの事《じ》務所《むしょ》にのりこみ、お金《かね》で解決《かいけつ》できないかと交渉《こうしょう》した勇気《ゆうき》ある女性《じょせい》でした。

倉庫係《そうこがかり》フォスキュイルさんは1945年《ねん》に亡《な》くなり、その娘《むすめ》で、ミープさんとともにアンネたちをささえたわかい女性社員《じょせいしゃいん》ベップさんは終戦《しゅうせん》の翌年結婚《よくねんけっこん》し、第《だい》1子《し》をさずかりました。

オットーの母《はは》アリスはスイスで、88歳《さい》まで生《い》きました。アンネたち一家《いっか》にとっては、エーディトの母《はは》ローザ同様《どうよう》、つねに一家《いっか》の心《こころ》の支《ささ》えでありつづけました。

アメリカに亡命《ぼうめい》したユリウスとヴァルター・ホーレンダー兄弟《きょうだい》（アンネのおじさんたち）は、オットーが生還《せいかん》するとすぐ、苦《くる》しいくらしのなかから、お金《かね》を送《おく》ってくれました。ふたりは亡命《ぼうめい》を手《て》つだってくれたオットーに深《ふか》く感謝《かんしゃ》し、いつも気《き》にかけていたのです。

最後《さいご》に、アンネのなかよしたちのその後《ご》を、おつたえしておきましょう。

アンネと奇跡《きせき》の再会《さいかい》をはたしたハンネリ・ホースラルさんはイスラエルで念願《ねんがん》の看《かん》護師《ごし》になり、出版業者《しゅっぱんぎょうしゃ》と結婚《けっこん》しました。

サンネ・レーデルマンさんは、両親《りょうしん》とともにアウシュビッツのガス室《しつ》で、命《いのち》を絶《た》たれました。マルゴーとなかよしだった姉《あね》のバルバラさんだけが、金髪《きんぱつ》と青《あお》い目《め》のおかげでドイツ人《じん》とまちがわれたため、逮捕《たいほ》をのがれて生《い》きのこります。バルバラさんはニューヨークにわたってダンサー兼女優《けんじょゆう》になり、世界最大級《せかいさいだいきゅう》のサーカス団《だん》に入団《にゅうだん》しました。1950年《ねん》にバルバラさんと結婚《けっこん》したマーティン・ロッドベルさんは生化学者《せいかがくしゃ》で、1994年《ねん》、ノーベル生理学《せいりがく》・医学賞《いがくしょう》を受賞《じゅしょう》しました。

アンネのいちばんのなかよしだったジャクリーヌ・ファン・マールセンさんは戦《せん》後《ご》、アメリカとイギリスに留学《りゅうがく》。1954年《ねん》に結婚《けっこん》します。いくつもの受賞歴《じゅしょうれき》をもつ有名《ゆうめい》な美術書《びじゅつしょ》の装丁家《そうていか》として活躍《かつやく》し、『アンネとヨーピー』という本《ほん》で、アンネとの貴重《きちょう》なエピソードの数々《かずかず》を、いまもわたしたちに教《おし》えてくれます。

（終《お》わり）

アンネ・フランクの年表《ねんぴょう》

年代《ねんだい》	年齢《ねんれい》	できごと	世《よ》の中《なか》の動《うご》き
1929（昭和《しょうわ》4）	0歳《さい》	6月《がつ》12日《にち》、ドイツのフランクフルトに生《う》まれる。父《ちち》オットーはフランク銀行《ぎんこう》の経営者《けいえいしゃ》。	10月《がつ》、ニューヨークで株価《かぶか》が大暴落《だいぼうらく》する。
1932（昭和《しょうわ》7）			ドイツ総選挙《そうせんきょ》でナチスが第一党《だいいっとう》になる。
1933（昭和《しょうわ》8）	4歳《さい》	3月《がつ》、市内《しない》のオットーの実家《じっか》にうつる。夏《なつ》、アンネと姉《あね》マルゴー、母《はは》エーディトが、アーヘンのエーディトの実家《じっか》にうつる。オットーは、アムステルダムに行《い》く。12月《がつ》、エーディトとマルゴーがアムステルダムの新居《しんきょ》にうつる。	1月《がつ》30日《にち》、ヒトラーが首相《しゅしょう》になる。ゲシュタポが組織《そしき》され、ユダヤ人迫害《じんはくがい》が始《はじ》まる。3月《がつ》23日《にち》、ナチスが一党独裁《いっとうどくさい》となる。
1934（昭和《しょうわ》9）	5歳《さい》	2月《がつ》、アンネ、アムステルダムにうつる。春《はる》、モンテッソーリ幼稚園《ようちえん》に入園《にゅうえん》。ハンネリ、サンネと友《とも》だちになる。9月《がつ》、モンテッソーリ小学校《しょうがっこう》に入学《にゅうがく》。	

1935（昭和《しょうわ》10）			9月《がつ》、ニュルンベルク法《ほう》制定《せいてい》。
1936（昭和《しょうわ》11）			ドイツでベルリン・オリンピックが開催《かいさい》される。
1938（昭和《しょうわ》13）	9歳《さい》	11月《がつ》、ドイツでクリスタルナハトが起《お》こり、ふたりのおじが逮捕《たいほ》される。のちに釈放《しゃくほう》。	
1939（昭和《しょうわ》14）	10歳《さい》	3月《がつ》、母方《ははかた》の祖母《そぼ》ローザがアーヘンからやってきて、いっしょに住《す》みはじめる。	9月《がつ》、ナチス・ドイツがポーランドに侵攻《しんこう》し、第《だい》二次世界大戦《にじせかいたいせん》が始《はじ》まる。
1940（昭和《しょうわ》15）	11歳《さい》	10月《がつ》、ユダヤ人《じん》による会社経営《かいしゃけいえい》が禁《きん》じられる。オットーが、会社《かいしゃ》を名目上幹部《めいもくじょうかんぶ》にゆずり、会社名《かいしゃめい》をオランダ風《ふう》にかえる。	5月《がつ》、オランダがナチスに占領《せんりょう》される。9月《がつ》、日《にち》独伊三国同盟成立《どくいさんごくどうめいせいりつ》。
1941（昭和《しょうわ》16）	12歳《さい》	1～5月《がつ》、ユダヤ人《じん》は映画館《えいがかん》に入場《にゅうじょう》できなくなるほか、プール、公園《こうえん》、公立施設《こうりつしせつ》などへの立《た》ち入《い》りも禁《きん》じられる。10月《がつ》、ユダヤ人学校《じんがっこう》に強制的《きょうせいてき》に転校《てんこう》させられる。ジャクリーヌと友《とも》だちになる。	12月《がつ》、日本《にっぽん》がハワイの米《べい》軍基地《ぐんきち》を攻撃《こうげき》。太平洋戦争《たいへいようせんそう》が始《はじ》まる。アメリカが第二次世界大戦《だいにじせかいたいせん》に参戦《さんせん》。

1942（昭和《しょうわ》17）	13歳《さい》	1月《がつ》、祖母《そぼ》ローザが亡《な》くなる。 4月《がつ》、黄色《きいろ》のワッペン着用《ちゃくよう》が強制《きょうせい》される。 6月《がつ》12日《にち》、誕生日《たんじょうび》にサイン帳《ちょう》をもらい、日記《にっき》を書《か》きはじめる。 7月《がつ》5日《いつか》、マルゴーへ呼《よ》び出《だ》し状《じょう》が来《く》る。 7月《がつ》6日《むいか》、フランク一家《いっか》、隠《かく》れ家《が》に入《はい》る。 7月《がつ》13日《にち》、ファン・ペルス一家《いっか》が隠《かく》れ家《が》にくわわる。 11月《がつ》16日《にち》、フェファーさんがくわわる。	5～6月《がつ》、ドイツやポーランドに絶滅収容所《ぜつめつしゅうようじょ》がつくられ、ナチス・ドイツによるユダヤ人《じん》の大虐殺《だいぎゃくさつ》（ホロコースト）が始《はじ》まる。
1943（昭和《しょうわ》18）	14歳《さい》	3月《がつ》、倉庫《そうこ》に泥棒《どろぼう》さわぎがある。 ミープさんの伝票整理《でんぴょうせいり》を手《て》つだう。 7月《がつ》16日《にち》、会社《かいしゃ》に泥棒《どろぼう》が入《はい》る。	9月8日《がつようか》、イタリア無条件降伏《むじょうけんこうふく》。
1944（昭和《しょうわ》19）	15歳《さい》	3月初《がつはじ》め、ユダヤ人《じん》を助《たす》けた八百屋《やおや》さんが逮捕《たいほ》される。 3月《がつ》28日《にち》、戦争《せんそう》が終《お》わったら、戦時中《せんじちゅう》の日記《にっき》などを集《あつ》めて出版《しゅっぱん》することをラジオで聞《き》き、日記《にっき》の清書《せいしょ》を始《はじ》める。 4月9日《がつここのか》、倉庫《そうこ》に泥棒《どろぼう》が入《はい》る。警官《けいかん》もやってきて、恐怖《きょうふ》の一夜《いちや》をすごす。	

		4月《がつ》15日《にち》、ペーターとはじめてのキス。 8月《がつ》4日《よっか》、隠《かく》れ家《が》が見《み》つかり、全員逮捕《ぜんいんたいほ》され、ヴェステルボルク通過収容所《つうかしゅうようじょ》へ入《い》れられる。 9月《がつ》5日《いつか》、アウシュビッツ絶滅収容所《ぜつめつしゅうようじょ》に入《はい》る。 11月《がつ》1日《ついたち》、アンネとマルゴーは、ベルゲン・ベルゼン滞留収容所《たいりゅうしゅうようじょ》に送《おく》られる。	6月《がつ》、連合軍《れんごうぐん》、ノルマンディー上陸《じょうりく》。8月《がつ》、パリ解放《かいほう》。
1945（昭和《しょうわ》20）	15歳《さい》	1月《がつ》、マルゴーがチフスにかかる。 2月《がつ》、アンネ、ハンネリと再会《さいかい》する。 2月下旬《がつげじゅん》、マルゴーが亡《な》くなる。 2月末《がつすえ》から3月《がつ》、ヤニーとリーンチェ姉妹《しまい》がアンネとマルゴーのなきがらを見《み》つける。 4月《がつ》15日《にち》、イギリス軍《ぐん》が侵攻《しんこう》し、ベルゲン・ベルゼン滞留収容所《たいりゅうしゅうようじょ》が解放《かいほう》される。	4月《がつ》30日《にち》、ヒトラーが自殺《じさつ》し、ドイツ降伏《こうふく》。8月《がつ》、広島《ひろしま》、長崎《ながさき》に原爆《げんばく》が投下《とうか》され、15日《にち》に日本《にっぽん》降伏《こうふく》。第二次世界大戦《だいにじせかいたいせん》が終《お》わる。
1947（昭和《しょうわ》22）		アンネの日記《にっき》『ヘト・アフテルハイス（後《うし》ろの家《いえ》）』が、オランダで出版《しゅっぱん》される。	
1980（昭和《しょうわ》55）		8月《がつ》19日《にち》、オットーが亡《な》くなる。	

あとがき

死《し》んでからも生《い》きつづける

岡田好恵《おかだよしえ》

わたしの望《のぞ》みは、死《し》んでからもなお生《い》きつづけること!（1944年《ねん》4月5日《がついつか》）

これはアンネ・フランクが1944年《ねん》4月5日《がついつか》の日記《にっき》に書《か》きつけた言葉《ことば》です。『アンネの日記《にっき》』の紹介《しょうかい》として、しばしば引用《いんよう》される一節《いっせつ》ですが、〝死《し》んでからも生《い》きつづける〟とは、いったい、どういう意味《いみ》でしょう?

さまざまな解釈《かいしゃく》ができそうですが、そのすぐ後《うし》ろを読《よ》むと、15歳《さい》を目前《もくぜん》にしたアンネが自分《じぶん》の文才《ぶんさい》を信《しん》じ、自分《じぶん》の死後《しご》ものこるようないい作品《さくひん》をたくさん書《か》いて、多《おお》くの人《ひと》に、永遠《えいえん》に喜《よろこ》びをあたえる存在《そんざい》となりたい、と言《い》っていることがわかります。

いつナチスにふみこまれるかもしれない、恐怖《きょうふ》と背中合《せなかあ》わせの生活《せいかつ》のなかで、このようなさわやかでたくましい発言《はつげん》ができたことには、ひたすらおどろくばかりです。制限《せいげん》だらけの生活《せいかつ》のなかで、10代《だい》のアンネをささえ、その心《こころ》を成長《せいちょう》させたのは、豊《ゆた》かな想像力《そうぞうりょく》と、将来《しょうらい》は作家《さっか》になりたいという大《おお》きな夢《ゆめ》だったのでしょう。つぎだらけのきゅうくつな服《ふく》を着《き》ていても、ひそひそ声《ごえ》でしか話《はな》せなくても、食料《しょくりょう》の備蓄《びちく》がどんどん少《すく》なくなっても、はける靴《くつ》がなくなっても、想像《そうぞう》のなかで、アンネは自由《じゆう》でかがやいていました。

そして、ナチスに逮捕《たいほ》されるまでの2年間《ねんかん》を、せいいっぱい生《い》きたのです。

ナチスによる大虐殺《だいぎゃくさつ》（ホロコースト）では、アンネたち罪《つみ》もない600万人以上《まんにんいじょう》のユダヤ人《じん》が、ロマの人《ひと》びと、心身障害者《しんしんしょうがいしゃ》とともに殺《ころ》されました。『アンネの日記《にっき》』は、ヒトラーのナチスによるユダヤ人大虐殺《じんだいぎゃくさつ》の事実《じじつ》を、戦争《せんそう》の恐《おそ》ろしさを世界《せかい》にしめす、たいへん貴重《きちょう》な本《ほん》です。そして、アンネ以外《いがい》の犠牲者《ぎせいしゃ》たちにも、かれらひとりひとりの人生《じんせい》と戦争体験《せんそうたいけん》があったことを想像《そうぞう》させてくれます。

600万以上《まんいじょう》の尊《とうと》い命《いのち》が、おろかな一独裁者《いちどくさいしゃ》の命令《めいれい》によってうしなわれたのです。しかもアンネの言《い》うとおり、戦争《せんそう》の責任《せきにん》を政治家《せいじか》だけにもとめることはできません。選挙《せんきょ》でそのような指導者《しどうしゃ》をえらんだ一般市民《いっぱんしみん》にも、まちがいなく責任《せきにん》の一部《いちぶ》はあるのです。

戦争《せんそう》を引《ひ》きおこすのは自分《じぶん》たち。

戦争《せんそう》をふせげるかどうかは、自分《じぶん》たち次第《しだい》。

それこそ『アンネの日記《にっき》』がわたしたちにのこしてくれた、最大《さいだい》の教訓《きょうくん》だと思《おも》います。

アンネ・フランクは、だれもが自由《じゆう》に意見《いけん》を言《い》える世界《せかい》、平和《へいわ》で、差別《さべつ》のない世界《せかい》をつくりたいと生涯《しょうがい》、ねがいつづけました。

アンネの願《ねが》いを実現《じつげん》することが、後《あと》を生《い》きるわたしたちの役目《やくめ》だと思《おも》います。

最後《さいご》に、『アンネの日記《にっき》』は、ある意味《いみ》で、とても楽《たの》しい本《ほん》です。

不思議《ふしぎ》なことですが、本当《ほんとう》です。手《て》にとって読《よ》みはじめると、本《ほん》の中《なか》から、お茶目《ちゃめ》でわがままで、率直《そっちょく》で、人《ひと》なつこいアンネがあなたに話《はな》しかけてくるでしょう。彼女《かのじょ》が日記《にっき》の中《なか》でユーモアたっぷりに紹介《しょうかい》してくれる家族《かぞく》や、隠《かく》れ家《が》の人《ひと》たち、支援者《しえんしゃ》たちは、ひとりのこらず個性的《こせいてき》です。大小《だいしょう》の騒動《そうどう》のなかで、あなたはアンネといっしょに泣《な》き、わらい、おこり、ときにはアンネに同情《どうじょう》し、ときには反発《はんぱつ》しつつ、親《した》しみを感《かん》じずにはいられなくなるでしょう。

この本《ほん》が、そんな愛《あい》すべきアンネと、彼女《かのじょ》の日記《にっき》と、あなたをつなぐ、ささやかな役目《やくめ》をはたせますよう、ひいては戦争《せんそう》や差別《さべつ》や世界《せかい》のありかたについて、みんなであらためて考《かんが》える小《ちい》さな機会《きかい》となりますよう、心《こころ》から希望《きぼう》します。

参考文献《さんこうぶんけん》

『アンネの日記《にっき》　増補新訂版《ぞうほしんていばん》』アンネ・フランク 著《ちょ》　深町眞理子《ふかまちまりこ》 訳《やく》（文藝春秋《ぶんげいしゅんじゅう》）

『思《おも》い出《で》のアンネ・フランク』
ミープ・ヒース／アリスン・レスリー・ゴールド 著《ちょ》　深町眞理子《ふかまちまりこ》 訳《やく》（文藝春秋《ぶんげいしゅんじゅう》）

『アンネとヨーピー　わが友《とも》アンネと思春期《ししゅんき》をともに生《い》きて』
ジャクリーヌ・〝ヨーピー〟・ファン・マールセン 著《ちょ》　深町眞理子《ふかまちまりこ》 訳《やく》（文藝春秋《ぶんげいしゅんじゅう》）

『アンネの童話《どうわ》』アンネ・フランク 著《ちょ》　中川李枝子《なかがわりえこ》 訳《やく》（文藝春秋《ぶんげいしゅんじゅう》）

『アンネの伝記《でんき》』メリッサ・ミュラー 著《ちょ》　畔上《あぜがみ》司《つかさ》 訳《やく》（文藝春秋《ぶんげいしゅんじゅう》）

『アンネ・フランクの記憶《きおく》』小川洋子《おがわようこ》 著《ちょ》（角川書店《かどかわしょてん》）

『アンネ・フランク・ハウス　ものがたりのあるミュージアム』
アンネ・フランク・ハウス他《ほか》編《へん》　光明久恵《こうみょうひさえ》 訳《やく》（アンネ・フランク・ハウス）

『ユダヤ人迫害史《じんはくがいし》　繁栄《はんえい》と迫害《はくがい》とメシア運動《うんどう》』黒川知文《くろかわともふみ》 著《ちょ》（教文館《きょうぶんかん》）

『The Diary of a Youg Girl：The Definitive Edition』Anne Frank 著《ちょ》　Otto H. Frank, Mirjam Pressler 編《へん》（Penguin Books）

解説《かいせつ》

ユダヤ人《じん》はなぜ迫害《はくがい》されたのか

黒川知文《くろかわともぶみ》（宗教史学者《しゅうきょうしがくしゃ》）

ホロコーストはなぜ起《お》きた？

アンネ・フランクが隠《かく》れ家《が》にうつる前年《ぜんねん》の1941年《ねん》、ヨーロッパには約《やく》870万《まん》人《にん》のユダヤ人《じん》がいました。しかし、それから1945年《ねん》までに、ホロコースト（大虐《だいぎゃく》殺《さつ》）によって、そのうちの最低《さいてい》でも520万人《まんにん》のユダヤ人《じん》が殺《ころ》されました。餓死者《がししゃ》や病死者《びょうししゃ》をくわえると、死者《ししゃ》は600万人以上《まんにんいじょう》。じつに7割《わり》に近《ちか》いユダヤ人《じん》が、第二次《だいにじ》世界大戦時《せかいたいせんじ》のホロコーストで殺《ころ》されたことになります。

なぜこのような悲劇《ひげき》が起《お》きたのでしょうか。

まず、首相《しゅしょう》となったヒトラーの、ユダヤ人《じん》に対《たい》する差別感情《さべつかんじょう》があげられます。

ヒトラーは、青年時代《せいねんじだい》、ウィーンで売《う》れない画学生《ががくせい》としてすごしていました。そのときに、町中《まちなか》で、ひげを長《なが》くのばして黒《くろ》いガウンを着《き》た、東《ひがし》ヨーロッパから来《き》たユダヤ人《じん》に出会《であ》い、「これでも同《おな》じ人間《にんげん》なのか」と自問《じもん》します。ヒトラーはちがいを受《う》けいれられず、ユダヤ人《じん》を「異人種《いじんしゅ》」と結論《けつろん》し、それ以降《いこう》、ユダヤ人《じん》をののしるようになりました。

第一次世界大戦《だいいちじせかいたいせん》での屈辱的《くつじょくてき》な敗北《はいぼく》は、ドイツに寄生《きせい》した富裕階級《ふゆうかいきゅう》のユダヤ人《じん》のせいだとする偏見《へんけん》。また、劣等《れっとう》なユダヤ人《じん》がドイツに同化《どうか》することにより、優秀《ゆうしゅう》なドイツ民族《みんぞく》の血《ち》をけがしているという、あやまった人種観《じんしゅかん》。このようなユダヤ人《じん》に対《たい》する偏《へん》見《けん》をもつヒトラーが、経済政策《けいざいせいさく》を成功《せいこう》させて9割《わり》をこえたドイツ国民《こくみん》の熱烈《ねつれつ》な支持《しじ》を得《え》、総統《そうとう》となりました。そして第二次世界大戦《だいにじせかいたいせん》を開始《かいし》して、初期《しょき》に圧倒的《あっとうてき》な勝利《しょうり》をおさめ、独裁体制《どくさいたいせい》が確立《かくりつ》したあとに、ユダヤ人絶滅計画《じんぜつめつけいかく》を実行《じっこう》していきました。

ヒトラーが行《おこな》った反《はん》ユダヤ人政策《じんせいさく》には、住居《じゅうきょ》や職業《しょくぎょう》を制限《せいげん》するほか、ユダヤ人《じん》であることをしめすバッジをつけることなどがあります。ナチス・ドイツがユダヤ人迫害《じんはくがい》を正当化《せいとうか》する説明《せつめい》としては、ユダヤ人《じん》がキリスト教徒《きょうと》の子《こ》どもを殺《ころ》して、その血《ち》を用《もち》いて儀式《ぎしき》を行《おこな》っているというものもあります。

これらはすべて、過去《かこ》にヨーロッパ中《じゅう》で行《おこな》われていたことです。つまり、ヨーロッパの社会《しゃかい》には、伝統《でんとう》ともいえるユダヤ人迫害《じんはくがい》の歴史《れきし》があるのです。

古代《こだい》にまでさかのぼるユダヤ人迫害《じんはくがい》

エルサレムに住《す》むユダヤ人《じん》は、ギリシャに支配《しはい》されていましたが、紀元前《きげんぜん》2世紀《せいき》に、当時《とうじ》の王《おう》がおしすすめるヘレニズム政策《せいさく》（ギリシャ化政策《かせいさく》）に反対《はんたい》し、迫害《はくがい》されます。王《おう》は、ユダヤ人《じん》が信《しん》じるユダヤ教《きょう》が、支配《しはい》のさまたげになると考《かんが》えました。

ユダヤ教《きょう》は、ヤハウェという唯一《ゆいいつ》の神《かみ》を信《しん》じる宗教《しゅうきょう》です。ユダヤ人《じん》が守《まも》るべきことは「律法《トーラー》」に書《か》かれています。よって、たとえギリシャの王《おう》のさだめた法律《ほうりつ》でも、律《トー》法《ラー》とちがえばユダヤ人《じん》はしたがわなかったのです。

王《おう》は、ユダヤ教《きょう》の信仰《しんこう》そのものを禁止《きんし》し、エルサレム神殿《しんでん》にギリシャの神々《かみがみ》やユダヤ人《じん》がきらう豚《ぶた》の像《ぞう》を安置《あんち》しました。それに対《たい》してユダヤ人《じん》は農民《のうみん》を中心《ちゅうしん》にして反乱《はんらん》を起《お》こし、ついには勝利《しょうり》して紀元前《きげんぜん》１４２年《ねん》に独立国家《どくりつこっか》を樹立《じゅりつ》します。しかし長《なが》くはつづかず、紀元前《きげんぜん》63年《ねん》以降《いこう》はローマ帝国《ていこく》の支配下《しはいか》になりました。

そして、二度《ど》にわたりローマ帝国《ていこく》に対《たい》する戦争《せんそう》を起《お》こしますが、最終的《さいしゅうてき》には敗北《はいぼく》して、多《おお》くのユダヤ人《じん》が殺《ころ》されます。紀元《きげん》70年《ねん》にはエルサレム神殿《しんでん》が崩壊《ほうかい》し、紀元《きげん》１３５年《ねん》にはエルサレムからユダヤ人《じん》は追放《ついほう》されました。

ホロコーストにつながった中世《ちゅうせい》の差別《さべつ》

ユダヤ人《じん》は西《にし》ヨーロッパにうつりすみ、そこから、スペインやアフリカ、東《ひがし》ヨーロッパへと分《わ》かれていきます。

西《にし》ヨーロッパの中世《ちゅうせい》は、領主《りょうしゅ》が家臣《かしん》に土地《とち》をあたえ、家臣《かしん》はその代償《だいしょう》として忠実《ちゅうじつ》につかえてはたらくという封建制《ほうけんせい》で成《な》りたっていました。封建制《ほうけんせい》はキリスト教徒《きょうと》による国《くに》のおさめ方《かた》であるため、ユダヤ人《じん》は除外《じょがい》されて、土地《とち》を持《も》つことができませんでした。そのために商人《しょうにん》にならざるをえませんでした。スペインのユダヤ人《じん》は、ローマ帝《てい》国《こく》の時代《じだい》にすでに所有《しょゆう》していた土地《とち》で商業活動《しょうぎょうかつどう》ができきました。

いっぽう、4世紀《せいき》にローマ帝国《ていこく》がキリスト教《きょう》を国教《こっきょう》として以来《いらい》、「ユダヤ人《じん》はキリストを殺《ころ》した悪魔《あくま》」というあやまったイメージが民衆《みんしゅう》の間《あいだ》に広《ひろ》がりました。

1215年《ねん》には、教皇《きょうこう》を頂点《ちょうてん》とするキリスト教《きょう》の国々《くにぐに》で、ユダヤ人《じん》に円形《えんけい》バッジなどを身《み》につけさせキリスト教徒《きょうと》と区別《くべつ》し、キリスト教《きょう》に改宗《かいしゅう》させることが決《き》まりました。これがはげしい差別《さべつ》の引《ひ》き金《がね》になったのです。ユダヤ人《じん》がキリスト教徒《きょうと》の子《こ》どもを殺《ころ》してその血《ち》をユダヤ教《きょう》の儀式《ぎしき》に使《つか》ったなどのうわさが流《なが》され（血《ち》の中傷事件《ちゅうしょうじけん》）、ユダヤ人《じん》が迫害《はくがい》されました。

14世紀後半《せいきこうはん》に、ペストがヨーロッパ中《じゅう》に広《ひろ》がると、医学《いがく》が発達《はったつ》していない時代《じだい》なので、魔女説《まじょせつ》、死神説《しにがみせつ》などさまざまな説《せつ》がとなえられましたが、そのなかに「ユダヤ人《じん》が井戸《いど》に毒《どく》を流《なが》した」という説《せつ》がありました。

このように根拠《こんきょ》のないうわさによって、ユダヤ人《じん》が迫害《はくがい》されるということがドイツを中心《ちゅうしん》に西《にし》ヨーロッパではたびたび起《お》こり、多《おお》くのユダヤ人《じん》が殺《ころ》されたのです。そのため、ユダヤ人《じん》の多《おお》くは東《ひがし》ヨーロッパへうつりすみましたが、迫害《はくがい》はそこでも起《お》こりました。

19世紀末《せいきまつ》から20世紀《せいき》のはじめ、ロシア帝国《ていこく》の支配下《しはいか》で起《お》きた「ポグロム」という迫害運動《はくがいうんどう》です。

ポグロムの災難《さいなん》をのがれて、20世紀初《せいきはじ》めには100万人《まんにん》ほどのユダヤ人《じん》がロシアから、アメリカ合衆国《がっしゅうこく》や西《にし》ヨーロッパ、またパレスチナへとうつりすみます。アメリカ以外《いがい》は、かれらがもともと住《す》んでいた地域《ちいき》です。

「ユダヤ人《じん》解放《かいほう》」と過去《かこ》にもどった迫害《はくがい》

そのころの西《にし》ヨーロッパでは、ユダヤ人《じん》は1789年《ねん》のフランス革命《かくめい》の人権宣言《じんけんせんげん》により市民権《しみんけん》があたえられて、フランスをはじめドイツにおいても19世紀《せいき》の末《すえ》までに市《し》民権《みんけん》を獲得《かくとく》しました。また富裕階級《ふゆうかいきゅう》に属《ぞく》してキリスト教《きょう》に改宗《かいしゅう》する者《もの》も多《おお》くいて、キリスト教文化《きょうぶんか》に同化《どうか》していきます。これは「ユダヤ人《じん》の解放《かいほう》」とよばれます。そして、この「ユダヤ人《じん》の解放《かいほう》」はドイツでも実現《じつげん》されようとしたのです。ところがふたたびユダヤ人《じん》を差別《さべつ》する傾向《けいこう》が強《つよ》まりました。それはなぜでしょうか。

第《だい》1の原因《げんいん》は、「一民族一国家《いちみんぞくいちこっか》」という民族主義《みんぞくしゅぎ》が勢《いきお》いをましたことです。西《にし》ヨーロッパ諸国《しょこく》に同化《どうか》したユダヤ人《じん》は、民族主義《みんぞくしゅぎ》により、国家《こっか》を形成《けいせい》しない異《こと》なる民族《みんぞく》とされ、ふたたび差別《さべつ》されていきます。

第《だい》2の原因《げんいん》は、ダーウィン〔1〕の進化論《しんかろん》をねじまげて解釈《かいしゃく》した人種理論《じんしゅりろん》です。進《しん》化《か》の段階《だんかい》により、人種《じんしゅ》には優劣《ゆうれつ》がある。ユダヤ人《じん》は、スラブ人《じん》やロマの人《ひと》びとと同様《どうよう》に劣等人種《れっとうじんしゅ》とされ、差別《さべつ》されます。

第《だい》3の原因《げんいん》は、マルクスの共産主義《きょうさんしゅぎ》の理論《りろん》です。近代西《きんだいにし》ヨーロッパにおいて、裕福《ゆうふく》なユダヤ人《じん》が多《おお》く、資本家《しほんか》として労働者《ろうどうしゃ》の敵《てき》とされました。

こうして、民衆《みんしゅう》のユダヤ人差別《じんさべつ》がわきおこる風潮《ふうちょう》のなか、敗戦《はいせん》と世界大恐慌《せかいだいきょうこう》によって国《くに》の経済《けいざい》が危機《きき》におちいったドイツに、ヒトラーがあらわれました。

オランダでは、第二次世界大戦初期《だいにじせかいたいせんしょき》にドイツに併合《へいごう》されたこともあり、14万人《まんにん》のユダヤ人《じん》のうち7割《わり》をこえる10万《まん》4000人《にん》がホロコーストにより殺《ころ》されました。その

[1] 1809~1882年《ねん》。イギリスの博物学者《はくぶつがくしゃ》。1859年《ねん》に『種《しゅ》の起源《きげん》』を刊行《かんこう》し、進化論《しんかろん》を打《う》ちたてた。進化論《しんかろん》とは、生物《せいぶつ》は、体《からだ》のしくみが環境《かんきょう》により合《あ》うように、代《だい》を重《かさ》ねるごとに進化《しんか》していったとする学説《がくせつ》。

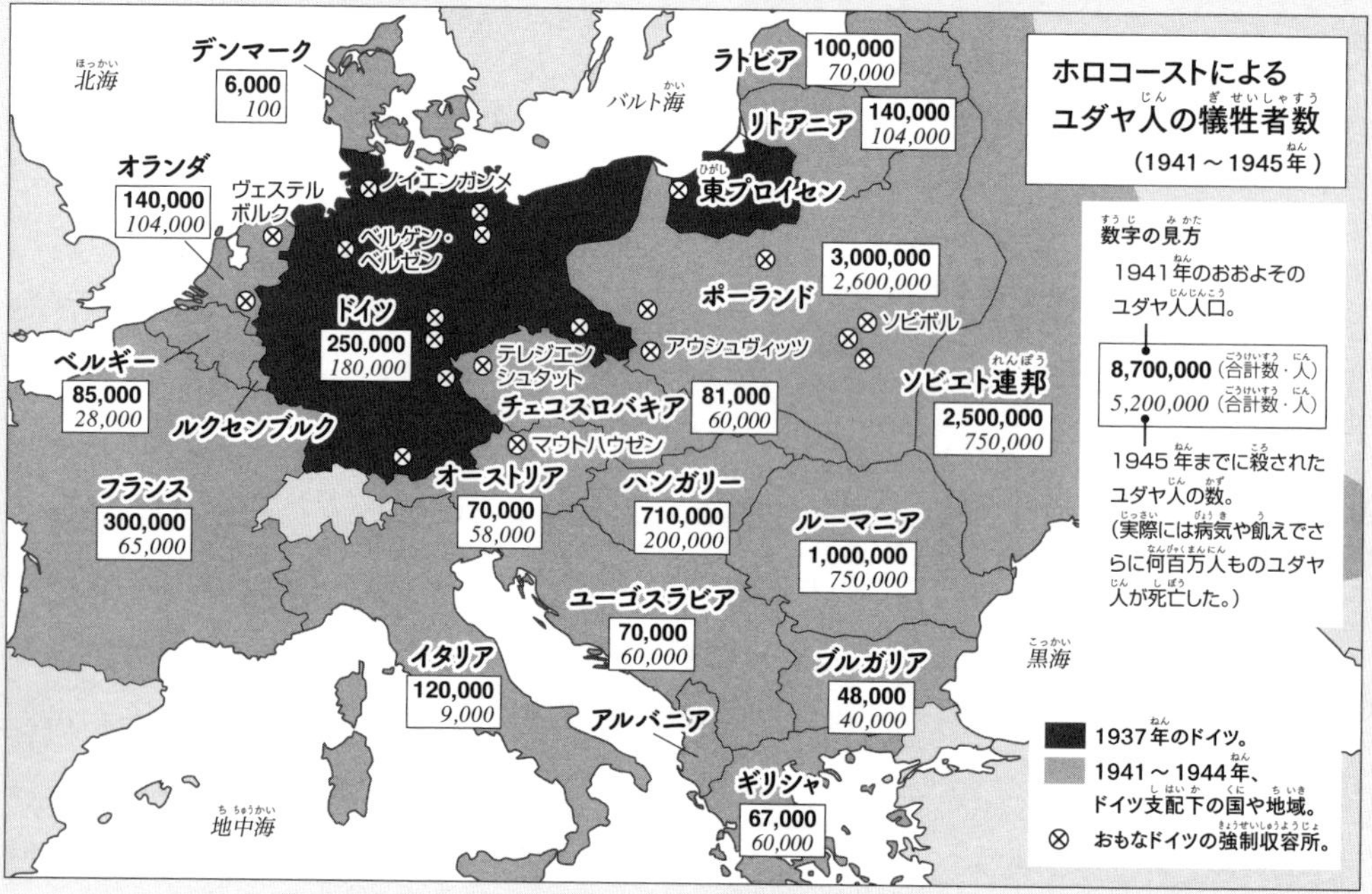
ホロコーストによる
ユダヤ人《じん》の犠牲者数《ぎせいしゃすう》
（1941～1945年《ねん》）
数字《すうじ》の見方《みかた》
1941年《ねん》のおおよその
ユダヤ人人口《じんじんこう》。
8,700,000（合計数《ごうけいすう》・人《にん》）
5,200,000（合計数《ごうけいすう》・人《にん》）
1945年《ねん》までに殺《ころ》された
ユダヤ人《じん》の数《かず》。
（実際《じっさい》には病気《びょうき》や飢《う》えでさらに何百万人《なんびゃくまんにん》ものユダヤ人《じん》が死亡《しぼう》した。）
北海《ほっかい》
バルト海《かい》
地中海《ちちゅうかい》
黒海《こっかい》
デンマーク
6,000
100
オランダ
140,000
104,000
ベルギー
85,000
28,000
ルクセンブルク
フランス
300,000
65,000
ドイツ
250,000
180,000
ヴェステルボルク
ノイエンガンメ
ベルゲン・ベルゼン
テレジエンシュタット
マウトハウゼン
アウシュヴィッツ
ソビボル
東《ひがし》プロイセン
ラトビア
100,000
70,000
リトアニア
140,000
104,000
ポーランド
3,000,000
2,600,000
ソビエト連邦《れんぽう》
2,500,000
750,000
チェコスロバキア
81,000
60,000
オーストリア
70,000
58,000
ハンガリー
710,000
200,000
ルーマニア
1,000,000
750,000
ユーゴスラビア
70,000
60,000
イタリア
120,000
9,000
アルバニア
ブルガリア
48,000
40,000
ギリシャ
67,000
60,000
1937年《ねん》のドイツ。
1941～1944年《ねん》、ドイツ支配下《しはいか》の国《くに》や地域《ちいき》。
おもなドイツの強制収容所《きょうせいしゅうようじょ》。

なかにアンネ・フランクがいました。

近隣《きんりん》のデンマークでは、6000人《にん》のユダヤ人《じん》のうち犠牲《ぎせい》になったのは100人《にん》ほどでした。デンマーク国民《こくみん》が、ドイツ軍《ぐん》が襲来《しゅうらい》する前日《ぜんじつ》にユダヤ人《じん》を北《きた》ヨーロッパに退避《たいひ》させたからです。フランスでは30万人《まんにん》のユダヤ人《じん》のうち犠牲者《ぎせいしゃ》は6万《まん》5000人《にん》でした。ドイツによる侵略《しんりゃく》がオランダよりおそく、また、ユダヤ人《じん》に同情《どうじょう》するフランス国民《こくみん》とカトリック教会《きょうかい》がユダヤ人《じん》を助《たす》けた結果《けっか》でした。

アンネがデンマークやフランスにのがれていたら、もしかして助《たす》かったかもしれない、と思《おも》われます。しかし、歴史《れきし》に「もしも」はありません。ホロコーストは現実《げんじつ》に起《お》きて、アンネ・フランクをふくむ多《おお》くの人《ひと》が犠牲《ぎせい》になったのです。この歴史的事実《れきしてきじじつ》にいたる経過《けいか》をわたしたち学者《がくしゃ》は、学問的《がくもんてき》に公正《こうせい》に分析《ぶんせき》して、今後二度《こんごにど》と起《お》こらない対策《たいさく》を考察《こうさつ》しなければなりません。

みなさんには、本《ほん》を読《よ》んで知《し》ろうとすることで、ホロコーストの悲劇《ひげき》がけっしてわすれられないようにしてほしいとねがっています。

ナチスによる弾圧《だんあつ》とたたかった人《ひと》たち

占領下《せんりょうか》のオランダで
レジスタンスに協力《きょうりょく》

オードリー・ヘプバーン

1929－1993年《ねん》

イギリス人《じん》の父《ちち》と、オランダ人《じん》の貴族《きぞく》の母《はは》のもとベルギーに生《う》まれる。映画《えいが》『ローマの休日《きゅうじつ》』などで主演《しゅえん》をつとめた大女優《だいじょゆう》。

第二次世界大戦《だいにじせかいたいせん》が始《はじ》まると、オードリーは離婚《りこん》していた母《はは》とともに、イギリスから中立国《ちゅうりつこく》オランダのアルンヘムにうつった。ところが、ドイツがオランダを占領《せんりょう》。敵国《てきこく》であるイギリス人《じん》のオードリーは危険《きけん》な立《たち》場《ば》となる。ナチスに抵抗《ていこう》するオランダ人《じん》も弾圧《だんあつ》され、おじが見《み》せしめとして処刑《しょけい》されてしまう。オードリーは、レジスタンスとよぶナチス抵抗運動《ていこううんどう》に協力《きょうりょく》し、靴下《くつした》に小《ちい》さな新聞《しんぶん》をかくしいれて連絡係《れんらくがかり》をつとめたり、バレエの公演《こうえん》を行《おこな》って資金集《しきんあつ》めをしたりした。アルンヘムでは鉄道《てつどう》による補給《ほきゅう》が途絶《とだ》え、飢《う》えにも苦《くる》しんだ。

オードリーはアンネ・フランクと同《おな》い年《どし》。同《おな》じ時期《じき》にオランダでつらい少女時代《しょうじょじだい》をすごした。晩年《ばんねん》は女優《じょゆう》を引退《いんたい》し、ユニセフ（国際連合児童基金《こくさいれんごうじどうききん》）の活動《かつどう》に力《ちから》をつくした。

子《こ》どもたちを
ささえつづけた

ヤヌシュ・コルチャック

1878－1942年《ねん》

ポーランドの裕福《ゆうふく》なユダヤ人《じん》の家《いえ》に生《う》まれる。医師《いし》、児童文学作家《じどうぶんがくさっか》、教育者《きょういくしゃ》。

17歳《さい》のときに父《ちち》を亡《な》くし、家庭教師《かていきょうし》をしながら大学《だいがく》の医学部《いがくぶ》に進《すす》み、小児科医《しょうにかい》になった。やがて、めぐまれない子《こ》どもの権《けん》利《り》を守《まも》る活動《かつどう》を始《はじ》め、33歳《さい》のとき、ユダヤ人《じん》のための孤児施設《こじしせつ》の院長《いんちょう》になる。コルチャックは、子《こ》どもたちの交流《こうりゅう》が、平和《へいわ》な世《よ》の中《なか》の実現《じつげん》につながると考《かんが》えて、ポーランド人《じん》のための孤児院《こじいん》もつくった。

ナチスによってゲットー（ユダヤ人《じん》強制《きょうせい》居住区域《きょじゅうくいき》）に収容《しゅうよう》されると、コルチャックは音楽会《おんがくかい》や朗読会《ろうどくかい》をひらいて、子《こ》どもたちをはげましつづけた。1942年《ねん》、ドイツ兵《へい》がなだれこんできたとき、コルチャックは作家《さっか》、教育者《きょういくしゃ》として尊敬《そんけい》されていたので、ドイツ兵《へい》が「あなたは助《たす》ける」とささやいたが、コルチャックは首《くび》を横《よこ》にふった。「わたしは子《こ》どもたちといっしょに運命《うんめい》をともにします。」そして、子《こ》どもたちと絶《ぜつ》滅収容所《めっしゅうようじょ》行《い》きの列車《れっしゃ》に向《む》かった。

コルチャックが実現《じつげん》をねがった「子《こ》どもの権利条約《けんりじょうやく》」は、ポーランド政府《せいふ》の提案《ていあん》により、1989年《ねん》に国連《こくれん》で制定《せいてい》された。

命《いのち》のビザで数千人《すうせんにん》のユダヤ人《じん》をすくった

杉原千畝《すぎはらちうね》

1900-1986年《ねん》

岐阜県《ぎふけん》に生《う》まれた千畝《ちうね》は、小学生《しょうがくせい》のころから成績優秀《せいせきゆうしゅう》で、英語《えいご》を使《つか》う仕事《しごと》につくことを夢見《ゆめみ》ていた。しかし、父《ちち》に反対《はんたい》されたため学費《がくひ》がつづかず、国《くに》のお金《かね》で勉強《べんきょう》ができる外務省留学生採用試験《がいむしょうりゅうがくせいさいようしけん》に合格《ごうかく》し大学《だいがく》を中退《ちゅうたい》。外務省《がいむしょう》のロシア語留学生《ごりゅうがくせい》となった。

やがて、満州《まんしゅう》（現在《げんざい》の中国東北部《ちゅうごくとうほくぶ》）でロシア語《ご》と外交官《がいこうかん》としての能力《のうりょく》をみがいた千畝《ちうね》は、1939年《ねん》8月末《がつまつ》、39歳《さい》のときに、リトアニアの日本領事館《にほんりょうじかん》に勤務《きんむ》する。間髪《かんはつ》をいれず、ドイツがポーランドに侵攻《しんこう》し、第《だい》二次世界大戦《にじせかいたいせん》の渦《うず》にまきこまれていった。

ナチス・ドイツのユダヤ人迫害《じんはくがい》がはげしくなると、リトアニアへ、おおぜいのユダヤ人《じん》が避難《ひなん》してきた。そして1940年《ねん》7月《がつ》、千畝《ちうね》のいる領事館《りょうじかん》に、ビザの発給《はっきゅう》をもとめるおびただしい数《かず》のユダヤ人難民《じんなんみん》がおしよせた。シベリア鉄道《てつどう》と船《ふね》で日本《にっぽん》へ行《い》き、安全《あんぜん》な国《くに》へにげるためだ。千畝《ちうね》は国《くに》の方針《ほうしん》に反《はん》して、かれらの命《いのち》を守《まも》るためビザの発給《はっきゅう》を決断《けつだん》。日本領事館閉鎖《にほんりょうじかんへいさ》まで、のこり1か月《げつ》あまり。不眠不休《ふみんふきゅう》の作業《さぎょう》でビザを発給《はっきゅう》しつづけた。千畝《ちうね》のビザですくわれた人《ひと》は、6000人《にん》あまりといわれている。

ニセの工場《こうじょう》をつくり
ユダヤ人《じん》をやとう

オスカー・シンドラー

1908-1974年《ねん》

現在《げんざい》のチェコ生《う》まれ。ドイツ系《けい》の実業家《じつぎょうか》。30歳《さい》でナチスに入《はい》る。その後《ご》、ポーランドで工場経営者《こうじょうけいえいしゃ》となり、ゲットーのユダヤ人《じん》をやとった。最初《さいしょ》は労働力《ろうどうりょく》のためだったが、しだいにかれらに同情《どうじょう》をよせ、救出《きゅうしゅつ》のための一計《いっけい》を案《あん》じる。新《あたら》しい工場《こうじょう》の労働者《ろうどうしゃ》がほしいと、強制収容所《きょうせいしゅうようじょ》にもちかけたのだ。すくったのは約《やく》1200人《にん》。そのときの名簿《めいぼ》は「シンドラーのリスト」とよばれる。

ゲットーに潜入《せんにゅう》した
勇敢《ゆうかん》な看護師《かんごし》

イレーナ・センドラー

1910-2008年《ねん》

ポーランド生《う》まれ。看護師《かんごし》。ゲットーに入《はい》る許可証《きょかしょう》を手《て》に入《い》れ、保険局《ほけんきょく》の仕事《しごと》をよそおってその環境《かんきょう》の改善《かいぜん》につとめた。子《こ》どもとはなれたがらない親《おや》たちを説得《せっとく》して、2500人《にん》もの子《こ》どもたちを、手押《てお》し車《ぐるま》やひつぎなどにかくして運《はこ》びだした。その後《ご》、ゲットーのユダヤ人《じん》はほとんど強制収《きょうせいしゅう》容所《ようじょ》に送《おく》られ殺《ころ》されてしまう。戦後《せんご》は、子《こ》どもたちの親《おや》をさがす活動《かつどう》をつづけた。

著者紹介
岡田好恵　おかだ よしえ
青山学院大学仏文科卒。おもな著書に『ピカソ　型破りの天才画家』『アインシュタイン』、おもな訳書に「デルトラ・クエスト」シリーズ、『世界一しあわせなゴリラ、イバン』、「フェラルズ」シリーズ、絵本「アンジェリーナ」シリーズ、『重力波で見える宇宙のはじまり』などがある。

画家紹介
佐竹美保　さたけ みほ
画家。SF、ファンタジーを中心に幅広く活躍。おもな作品に『魔女の宅急便』（その③～⑥、角野栄子）、「ハウルの動く城」シリーズ（ダイアナ・ウィン・ジョーンズ、訳＝西村醇子・市田泉）、『美女と野獣 七つの美しいお姫さま物語』（ボーモン夫人、訳＝巖谷國士 ほか）などがある。

監修・解説者紹介
黒川知文　くろかわ ともぶみ
宗教史学者。文学博士（東京大学）。愛知教育大学名誉教授、現在中央学院大学教授。著書に『ユダヤ人迫害史』『ロシア社会とユダヤ人』など多数。『ユダヤ人の歴史と思想』が2018年10月刊行予定。

＊この作品は書き下ろしです。

人物伝執筆――――――八重野充弘《やえのみつひろ》
人物伝・説明イラスト――光安知子《みつやすともこ》
口絵写真（肖像）―――dpa/時事通信フォト
（サイン）―――EPA＝時事
編集――――――――オフィス303

講談社 火の鳥伝記文庫　16

アンネ・フランク

岡田好恵《おかだよしえ》 文

2018年8月20日　　第1刷発行

発行者――――――――渡瀬昌彦
発行所――――――――株式会社 講談社
東京都文京区音羽2-12-21　郵便番号112-8001
電話　編集（03）5395-3536
販売（03）5395-3625
業務（03）5395-3615

ブックデザイン――――祖父江 慎＋福島よし恵（コズフィッシュ）
印刷・製本――――――図書印刷株式会社
本文データ制作―――講談社デジタル製作

N.D.C. 289　254p　18cm
Printed in Japan
ISBN978-4-06-512707-0

講談社《こうだんしゃ》 火《ひ》の鳥《とり》伝記《でんき》文庫《ぶんこ》 新装版《しんそうばん》によせて

火《ひ》の鳥《とり》は、世界中《せかいじゅう》の神話《しんわ》や伝説《でんせつ》に登場《とうじょう》する光《ひかり》の鳥《とり》です。灰《はい》のなかから何度《なんど》でもよみがえり、永遠《えいえん》の命《いのち》をもつといわれています。

伝記《でんき》に描《えが》かれている人々《ひとびと》は、人類《じんるい》や社会《しゃかい》の発展《はってん》に役立《やくだ》つすばらしい成果《せいか》を後世《こうせい》に残《のこ》した人々《ひとびと》です。みなさんにとっては、遠《とお》くまぶしい存在《そんざい》かもしれません。

しかし、かれらがかんたんに成功《せいこう》したのではないことは、この本《ほん》を読《よ》むとよくわかります。

一生懸命《いっしょうけんめい》取《と》り組《く》んでもうまくいかないとき、自分《じぶん》のしたいことがわからないとき、そして将来《しょうらい》のことを考《かんが》えるとき、みなさんを励《はげ》ましてくれるのは、先《さき》を歩《ある》いていった先輩《せんぱい》たちの努力《どりょく》するすがたや、失敗《しっぱい》の数々《かずかず》です。火《ひ》の鳥《とり》はかれらのなかにいて、くじけずチャレンジする力《ちから》となったのです。

伝記《でんき》のなかに生《い》きる人々《ひとびと》を親《した》しく感《かん》じるとき、みなさんの心《こころ》のなかに火《ひ》の鳥《とり》が羽《は》ばたいて将来《しょうらい》への希望《きぼう》を感《かん》じられることを願《ねが》い、この本《ほん》を贈《おく》ります。

２０１７年《ねん》10月《がつ》

講談社《こうだんしゃ》

アンネ・フランク